Comprendre LE NOUVEAU BAC

Juliette Hua

Nathan

Directrice éditoriale : Raphaëlle Mourey
Édition : Julie Langlais
Illustrations : Vincent Bergier
Schémas : Corédoc
Composition : Linéale
Maquette intérieur : Julie Lannes
Fabrication : Kévin Magar

Crédit photographique de couverture : © Nicolas Tavernier/Rea

ISBN : 978-2-09-157484-4

SOMMAIRE

PARTIE 1 L'ORGANISATION DU NOUVEAU LYCÉE

PARTIE 2 LE NOUVEAU BAC

PARTIE 3 S'ORIENTER

L'ORGANISATION DU NOUVEAU LYCÉE

LA CLASSE DE SECONDE

L'année de seconde doit vous permettre d'acquérir une ***culture commune grâce aux enseignements communs****. Son nouveau format, en place à la rentrée 2019, est* ***identique pour les voies générale et technologique****.*

LE TEST DE POSITIONNEMENT

- En début d'année, chaque élève effectue un **test numérique de positionnement** pour lui permettre de connaître ses acquis et ses besoins en **Français** et en **Mathématiques**.
- **Ce test se réalise au lycée, sur une plateforme numérique.**

Qui ?
- Tous les élèves de 2de

Quand ?
- En septembre

Pourquoi ?
- Préparer l'accompagnement personnalisé de chaque élève

Où ?
- Au lycée, sur une plateforme numérique

MATHÉMATIQUES* — 50 min
- Organisation et gestion de données
- Nombres et calcul
- Géométrie
- Calcul littéral

FRANÇAIS* — 50 min
- Compréhension de l'oral
- Compréhension de l'écrit
- Compréhension du fonctionnement de la langue

* Les résultats sont communiqués aux élèves et sont anonymes en dehors de l'établissement

- Ce test est la **première étape de l'accompagnement personnalisé,** il permet aux enseignants de mieux cibler les besoins de soutien des élèves au lycée, pour notamment adapter les horaires de cet accompagnement personnalisé dans ces deux disciplines clés pour la poursuite vers l'enseignement supérieur.

L'ACCOMPAGNEMENT PERSONNALISÉ

- Au cours de l'année, tous les élèves bénéficient d'un **accompagnement personnalisé (AP)** laissé à l'autonomie des établissements dans le cadre du projet d'établissement.
- L'accompagnement personnalisé prend la forme de **2 heures hebdomadaires** (soit 72 h à l'année) **intégrées dans l'emploi du temps,** encadrées par des professeurs et les documentalistes du CDI.
- L'AP peut couvrir des **besoins diversifiés** : soutien scolaire, développement des compétences de base comme **l'expression écrite ou orale, méthodologie de travail, accompagnement à l'orientation.**
- Cet accompagnement peut prendre la forme de **travaux interdisciplinaires** menés par les élèves et permet de **travailler les compétences transversales**.

L'ACCOMPAGNEMENT À L'ORIENTATION

- **Le volume horaire consacré à l'orientation est de 54 heures**, réparties sur l'année scolaire, avec des modalités pratiques qui peuvent varier selon les établissements. On y trouve principalement des événements tels que les **2 semaines de l'orientation** (novembre et février), les **journées de découverte métiers**, ou encore des **périodes d'observation** en milieu professionnel ou dans l'enseignement supérieur.
- Cet accompagnement a pour vocation d'aider les élèves à **acquérir une compréhension du panorama des études supérieures et de ses filières, des métiers**, et de **développer leur maturité en la matière** pour construire progressivement leur projet de formation.

- **Démarrant en seconde,** en amont du choix des spécialités, l'accompagnement à l'orientation se poursuit **jusqu'à la fin du cycle terminal**, pour accompagner le choix des études supérieures et la période des inscriptions sur Parcoursup.
- C'est dans la perspective de ce dispositif d'accompagnement que nous avons conçu la seconde partie de cet ouvrage dédiée à **votre projet d'orientation** (▶ p. 67) et incluant un **carnet d'orientation** (▶ p. 97).

LES ENSEIGNEMENTS

LA CLASSE DE SECONDE

ENSEIGNEMENTS COMMUNS

Français	4h00
Histoire-Géographie	3h00
LVA et LVB	5h30
Mathématiques	4h00
Physique-Chimie	3h00
SVT	1h30
EPS	2h00
EMC	18h00/an
N SES	1h30
N Sciences numériques et technologie (SNT)	1h30

N nouveau

* les LCA peuvent être prises en plus

ENSEIGNEMENTS OPTIONNELS 2 MAXIMUM

Enseignement général AU CHOIX

LCA : Latin*	3h00
LCA : Grec*	3h00
LVC	3h30
Arts	3h00
EPS	3h00
Art du cirque	6h00

Enseignement techno AU CHOIX

N Management et gestion	1h30
Santé et social	1h30
Biotechnologie	1h30
Sciences de laboratoire	1h30
Sciences de l'ingénieur	1h30

et d'autres…

LE CHOIX DES SPÉCIALITÉS EN FIN DE SECONDE

- Au mois de juin, en vue de son passage en classe de première générale, chaque lycéen choisit **trois enseignements de spécialité parmi une liste de douze** (▶ p. 12).
- Ces choix **doivent répondre aux motivations et aux aptitudes des élèves** dans les domaines qu'ils souhaitent approfondir pour construire leur projet personnel.
- En seconde, le choix de trois enseignements vise à **identifier les spécialités dans lesquelles les aptitudes et l'intérêt** des élèves garantiraient la motivation nécessaire à leur réussite dans la suite de leur parcours au lycée.
- **Ces douze spécialités se déclinent dans des domaines divers** qui peuvent être combinés sans enfermer les élèves dans des parcours verrouillés. Les combinaisons doivent ouvrir vers des horizons variés, cependant, il est important de rester cohérent et stratégique.
- **Les compétences développées en fin de lycée permettront de choisir en classe de terminale les formations post-bac** dans lesquelles les élèves seront les plus à même de réussir au vu des attendus de l'enseignement supérieur, et conformément au projet personnel qu'ils auront approfondi.
- **Pour la voie technologique :** chaque série comprend automatiquement trois enseignements de spécialité donnés.

ATTENTION

- **Toutes les spécialités ne peuvent pas être disponibles dans tous les lycées.**
- Les 7 spécialités les plus courantes seront disponibles dans la majorité des lycées.
- Les autres feront l'objet d'une organisation spécifique visant à offrir aux lycéens demandeurs la possibilité de prendre leurs cours dans des lycées suffisamment proches de leur établissement initial.
- Ces spécialités pourront aussi s'acquérir par la voie du CNAM.

LES SPÉCIALITÉS FICHES DESCRIPTIVES

Mathématiques

Étude des thèmes suivants : Algèbre, Analyse, Géométrie, Probabilités et statistique, Algorithmique et programmation

OBJECTIFS

Consolider ses acquis, développer son goût pour les mathématiques, apprécier les démarches et les objets, maîtriser l'abstraction et le calcul algébrique, aborder l'histoire des mathématiques

COMPÉTENCES TRAVAILLÉES

Chercher, analyser, modéliser, représenter, raisonner, calculer, communiquer

LE +

L'importance donnée à l'expérimentation grâce à l'utilisation de logiciels de représentation, de simulation et de programmation

POURSUITE D'ÉTUDES POSSIBLES

Université (mathématiques, sciences pour l'ingénieur...), CPGE, écoles d'ingénieur et de commerce, PACES, DUT informatique, DUT génie industriel, DUT électronique, etc.

Physique-Chimie

Étude de l'organisation et des transformations de la matière, des mouvements et interactions, de l'énergie, des ondes et signaux

OBJECTIFS

Explorer le réel, du microscopique au macroscopique, à travers des domaines d'application aussi bien de la vie courante que liés aux grands enjeux sociétaux

COMPÉTENCES TRAVAILLÉES

Observer, analyser, raisonner, modéliser, formuler mathématiquement les lois physiques, communiquer

LE +

Une approche concrète, vivante et moderne de la spécialité, valorisant l'expérimentation

POURSUITE D'ÉTUDES POSSIBLES

Université (physique, chimie, sciences pour l'ingénieur...), CPGE, écoles d'ingénieur, DUT génie chimique, DUT génie des procédés, DUT mesures physiques, BTS métiers de la chimie, etc.

SVT (Sciences de la vie et de la Terre)

► *Approfondissement de notions en lien avec la Terre, la vie et l'organisation du vivant, les enjeux planétaires contemporains, le corps humain et la santé*

OBJECTIFS

Comprendre le fonctionnement de l'organisme, réfléchir sur les enjeux de santé personnelle et publique, acquérir une réflexion éthique et civique sur la société et l'environnement

COMPÉTENCES TRAVAILLÉES

Observer, analyser, expérimenter, modéliser, argumenter

LE +

La mobilisation de connaissances transversales dans de nouveaux contextes et applications

POURSUITE D'ÉTUDES POSSIBLES

Université (STAPS, sciences de la vie, sciences de la Terre, écologie, environnement, développement durable, sciences pour la santé…), CPGE, DUT génie biologique, BTS biotechnologique, BTS analyse de biologie médicale, PACES, etc.

Sciences de l'ingénieur

► *Étude des thèmes suivants : les territoires et les produits intelligents, la mobilité des personnes et des biens, l'humain assisté, réparé, augmenté, le design responsable et le prototypage de produits innovants*

OBJECTIFS

Développer ses capacités à innover, mieux comprendre et décrire les phénomènes physiques utiles à l'ingénieur, imaginer et matérialiser une solution à un type de problématique

COMPÉTENCES TRAVAILLÉES

Observer, élaborer des hypothèses, analyser, modéliser, créer

LE +

L'introduction de la notion de design qui sollicite la créativité

POURSUITE D'ÉTUDES POSSIBLES

Université (sciences pour l'ingénieur, sciences et technologies, mécanique, génie civil…), CPGE, écoles d'ingénieur, BTS de l'industrie, DUT génie civil, DUT génie industriel, DUT génie mécanique, etc.

LES SPÉCIALITÉS

Numérique et Sciences informatiques

▶ ***Découverte de notions en lien avec l'histoire de l'informatique, la représentation et le traitement de données, les algorithmes, les interactions homme-machine, le langage et la programmation***

OBJECTIFS

S'approprier des notions de programmation appliquées à de nombreux projets

COMPÉTENCES TRAVAILLÉES

Argumenter, développer ses capacités d'initiative et sa créativité,travailler en autonomie ou en groupe

LE +

Le développement de compétences transversales et les occasions de mise en activité des élèves

POURSUITE D'ÉTUDES POSSIBLES

Université (informatique, sciences pour l'ingénieur, métiers du multimédia et de l'internet, informatique industrielle...), CPGE, écoles d'ingénieur, DUT informatique, DUT service et réseaux de communication, etc.

SES (Sciences économiques et sociales)

▶ ***Éclairage des grands enjeux économiques, sociaux et politiques des sociétés contemporaines, selon plusieurs angles d'approche (histoire, philosophie, psychologie, sociologie...)***

OBJECTIFS

Comprendre les fondamentaux de l'économie, renforcer la culture économique et sociologique

COMPÉTENCES TRAVAILLÉES

Analyser, s'exprimer à l'écrit et à l'oral

LE +

L'approche pluridisciplinaire s'appuyant sur des connaissances historiques, littéraires et des sciences sociales

POURSUITE D'ÉTUDES POSSIBLES

Université (sociologie, sciences sociales, sciences politiques, économie, gestion, sciences de l'homme, STAPS...), CPGE, écoles de commerce et de management, écoles de journalisme, instituts d'études politiques, BTS gestion, BTS commerce, BTS banque, DUT carrières sociales, etc.

Histoire-Géographie, Géopolitique et Sciences politiques

▶ *Clés de compréhension du monde contemporain par l'étude de différents enjeux politiques, sociaux et économiques majeurs, analyse critique des modes et sources de communication*

OBJECTIFS

Observer le monde actuel, développer son sens critique, approfondir la dimension historique et géographique pour mesurer les influences et les évolutions d'une question politique

COMPÉTENCES TRAVAILLÉES

Analyser, interroger, adopter une démarche réflexive et critique, se documenter, travailler de manière autonome, s'exprimer à l'oral

LE +

La mobilisation de différentes disciplines

POURSUITE D'ÉTUDES POSSIBLES

Université (histoire, géographie, sciences politiques, droit...), CPGE, école de journalisme, écoles de commerce et de management, BTS notariat, DUT carrière juridique, etc.

Humanités, Littérature et Philosophie

▶ *Étude de la littérature et de la philosophie de toutes les époques, lecture et découverte de nombreux textes et réflexion autour de l'usage des mots, de la parole et de l'écriture, et de la représentation du monde*

OBJECTIFS

Affiner sa pensée et développer sa culture

COMPÉTENCES TRAVAILLÉES

Analyser, formuler une réflexion personnelle, s'exprimer à l'oral, argumenter, débattre

LE +

L'approche de questions relevant des enjeux majeurs de l'humanité

POURSUITE D'ÉTUDES POSSIBLES

Université (lettres, communication, édition), CPGE, écoles de communication, écoles de journalisme, DUT métiers du livre, BTS édition, etc.

LES SPÉCIALITÉS

Langues, Littératures et Cultures étrangères et régionales

▶ *Consolidation de la maîtrise d'une langue vivante étrangère (allemand, anglais, espagnol ou italien), étude de thématiques variées (le voyage, les imaginaires...) et pratique de l'ensemble des activités langagières (réception, production, interaction)*

OBJECTIFS

Acquérir une culture approfondie relative à la langue étudiée, s'approprier son histoire et son actualité, atteindre un niveau de pratique expérimenté

COMPÉTENCES TRAVAILLÉES

Maîtriser une langue étrangère, s'exprimer à l'écrit et à l'oral

LE +

La variété des supports de cours (œuvres littéraires, articles de presse, films...)

POURSUITE D'ÉTUDES POSSIBLES

Université (langues, LLCE, LEA...), BTS tourisme, BTS communication, BTS commerce international, DUT information-communication, etc.

Langues, Littératures et Cultures de l'antiquité

▶ *Étude approfondie de la langue, de la littérature, de l'histoire et des civilisations grecque et romaine autour du thème central « Vivre dans la cité », lecture et découverte de nombreux textes*

OBJECTIFS

Consolider sa maîtrise du latin ou du grec, enrichir sa réflexion sur les sociétés antiques et contemporaines, acquérir une culture riche et diverse

COMPÉTENCES TRAVAILLÉES

Se documenter, analyser, développer son esprit critique

LE +

La mise en regard des civilisations antiques avec notre monde contemporain (rapports entre hommes et femmes, formes de la justice, place des dieux)

POURSUITE D'ÉTUDES POSSIBLES

Université (lettre, langues, philosophie...), CPGE, etc.

Arts
Cinéma-audiovisuel

▶ *Étude des formes les plus larges de la création en images et en sons (films, séries, vidéos diffusées sur Internet, jeux vidéo, etc.), à partir d'approches historique, stylistique, technique et sociologique*

OBJECTIFS

Pratiquer l'écriture, la mise en scène, la captation et le montage, découvrir les techniques, les métiers et les contraintes économiques du système de production

COMPÉTENCES TRAVAILLÉES

Analyser, critiquer, développer sa créativité, expérimenter, rechercher, inventer, communiquer

LE +

L'attention particulière portée en première sur le statut de l'auteur et du réalisateur au sein d'un processus de production

POURSUITE D'ÉTUDES POSSIBLES

Université (cinéma, histoire du cinéma…), BTS métiers de l'audiovisuel, etc.

Arts
Histoire des arts

▶ *Étude d'un « panorama » des formes de création artistique, en analysant leur contexte de création (politique, économique, social et artistique), quelles que soient leur époque, leur origine géographique et les modalités de création de l'œuvre*

OBJECTIFS

Acquérir des clés d'analyse pour l'approche et la compréhension des arts plastiques, de la musique, des arts du spectacle, du cinéma, de l'architecture, etc.

COMPÉTENCES TRAVAILLÉES

Se documenter, analyser, développer son sens critique, communiquer, s'exprimer à l'écrit et à l'oral

LE +

L'initiation aux pratiques culturelles grâce à des visites de différentes institutions

POURSUITE D'ÉTUDES POSSIBLES

Université (histoire de l'art et archéologie, arts…), CPGE, écoles supérieures d'art, etc.

LES SPÉCIALITÉS

Arts Théâtre

Découverte des composantes techniques du théâtre et de la relation entre spectacle et spectateur, en associant pratique de jeu et mise en scène et en développant une expérience de spectateur

OBJECTIFS

Construire sa culture théâtrale, acquérir des connaissances historiques par l'étude de plusieurs grandes époques de développement de l'art théâtral, acquérir le vocabulaire d'analyse essentiel, comprendre les composantes techniques du théâtre

COMPÉTENCES TRAVAILLÉES

Analyser, développer son sens critique, communiquer, expérimenter, rechercher, inventer, travailler en groupe

LE +

L'ouverture à des traditions non occidentales

POURSUITE D'ÉTUDES POSSIBLES

Université (arts du spectacle...), écoles supérieures d'art dramatique, diplômes d'État de professeur de théâtre, etc.

Arts Musique

Développement des compétences essentielles nécessaires à l'expression musicale individuelle et collective, et réflexion sur les pratiques musicales et les fonctions assumées par la musique

OBJECTIFS

Acquérir une large culture musicale forgée par l'écoute, l'analyse et l'interprétation d'un grand nombre d'œuvres, réaliser des projets musicaux

COMPÉTENCES TRAVAILLÉES

Développer sa créativité, travailler en groupe, analyser, expérimenter, rechercher, inventer, communiquer

LE +

L'ouverture aux cultures musicales d'hier et d'aujourd'hui, occidentales et non occidentales

POURSUITE D'ÉTUDES POSSIBLES

Université (musicologie...), diplômes d'État de professeur de musique, formations spécialisées, DMA, écoles privées de musique, conservatoires supérieurs de musique, formations en audiovisuel, etc.

Arts
Arts du cirque

Pratique approfondie d'au moins une discipline du répertoire du cirque, étude des arts du cirque dans le temps et dans l'espace

OBJECTIFS

Construire une culture essentielle pour l'analyse critique des œuvres circassiennes, prendre conscience de son rapport à l'autre, à l'espace et au monde, réaliser une prestation personnelle enrichie de références

COMPÉTENCES TRAVAILLÉES

Analyser, critiquer, développer sa créativité, expérimenter, travailler en groupe

LE +

L'avantage d'une équipe pédagogique pluridisciplinaire et de partenaires professionnels du cirque

POURSUITE D'ÉTUDES POSSIBLES

Université (arts du spectacle), diplômes d'État de professeurs de cirque, école du cirque, etc.

Arts
Danse

Acquisition d'une large culture et pratique artistique amenant l'élève à conduire un travail chorégraphique personnel

OBJECTIFS

Développer ses connaissances et des compétences propres au champ chorégraphique, approfondir son questionnement sur l'art chorégraphique et sur la pluralité des pratiques dansées

COMPÉTENCES TRAVAILLÉES

Développer son esprit critique et sa pratique artistique, expérimenter, rechercher, inventer, communiquer, travailler seul ou en groupe

LE +

Le partenariat avec des structures culturelles (rencontre avec des artistes et leurs œuvres)

POURSUITE D'ÉTUDES POSSIBLES

Université (arts du spectacle), diplômes d'État de professeurs de danse, conservatoires supérieurs, écoles privées de danse, etc.

LES SPÉCIALITÉS

Arts plastiques

Exercice d'une pratique plastique, construction d'une culture artistique variée et mise en relation des formes contemporaines avec celles léguées par l'histoire de l'art, dessin, peinture, sculpture, photographie, architecture, création numérique, nouvelles modalités de production des images

OBJECTIFS

Découvrir la diversité des œuvres, des démarches artistiques, de leurs présentations et de leurs réceptions

COMPÉTENCES TRAVAILLÉES

Développer sa culture artistique, expérimenter, rechercher, inventer, communiquer

LE +

La pluralité des domaines et des esthétiques abordés, la dynamique d'expérimentation et l'encouragement aux projets individuels et collectifs

POURSUITE D'ÉTUDES POSSIBLES

Université (arts plastiques, arts, histoire de l'art), écoles supérieurs d'art, BTS arts, etc.

Biologie-écologie (Uniquement en lycée agricole)

Réflexion autour des questionnements scientifiques et sociétaux actuels, particulièrement en matière d'agroécologie, d'environnement et de santé

OBJECTIFS

Acquérir et consolider une culture scientifique et des connaissances sur l'organisation et le fonctionnement des systèmes vivants, aborder des problématiques écologiques et biologiques avec des arguments scientifiques

COMPÉTENCES TRAVAILLÉES

Développer son esprit critique, analyser, interroger, raisonner

LE +

La formation à l'éducation citoyenne

POURSUITE D'ÉTUDES POSSIBLES

CPGE, écoles d'agronomie et écoles vétérinaires, BTSA agronomie, BTSA aménagements paysagers, BTSA productions végétales, BTSA productions animales, BTSA environnement, etc.

CHOISIR SES SPÉCIALITÉS

LES ATTENDUS POUR LE SUPÉRIEUR

- **Les attendus sont les compétences, connaissances, mais aussi les aptitudes et intérêts spécifiques que les établissements peuvent rechercher** – voire exiger – auprès de leurs postulants pour une filière donnée.
- Ces attendus sont **définis au niveau national pour chaque filière**, mais peuvent être **complétés par des attendus spécifiques**, établis par les établissements.
- Si cette notion peut renvoyer à un **sujet controversé qui est celui de la sélectivité** y compris dans des filières historiquement non sélectives, vous pouvez l'appréhender plus positivement en partant du principe que plus vous serez en phase avec un parcours d'études, plus vous aurez de chances d'y réussir.
- Il est donc assez crucial de vous **familiariser avec ces prérequis dès que vous commencez à préparer votre projet d'orientation**, très en amont de Parcoursup, et notamment dès l'entrée en seconde, avant le choix des spécialités en juin.
- Ceci l'est encore plus si vous convoitez des filières sélectives, ou des filières non sélectives mais dites « en tension », par exemple les licences psychologie, STAPS... Car il est logique, qu'en l'absence de places suffisantes dans une filière, **les établissements iront en priorité vers les profils les plus cohérents avec la formation concernée.**
- Si vous identifiez un décalage avec certains attendus dans la filière qui vous intéresse, **cela ne doit pas vous décourager** pour autant : il peut dans certains cas être compensé par des atouts sur un autre attendu.
- Par ailleurs **des mises à niveau peuvent être proposées par les établissements** (« Oui, si... » dans Parcoursup).

QUAND VOUS SAVEZ CE QUE VOUS SOUHAITEZ FAIRE

- Vous devez **identifier dès à présent les spécialités correspondant aux attendus Parcoursup** (consultables sur le site du ministère de l'Enseignement supérieur).

EXEMPLES DE CHOIX

« Je veux faire des études de santé (médecine, infirmière...) »

1re
- **SPÉ 1 :** Mathématiques
- **SPÉ 2 :** SVT
- **SPÉ 3 :** Physique-Chimie

Tle
- **SPÉ 1 :** SVT
- **SPÉ 2 :** Physique-Chimie

Conseil : abandonnez la spécialité Mathématiques mais prenez l'enseignement optionnel Mathématiques complémentaires.

« Je veux rentrer à Sciences Po, ou faire du droit »

1re
- **SPÉ 1 :** Histoire-Géographie, Géopolitique et Sciences politiques
- **SPÉ 2 :** SES
- **SPÉ 3 :** Humanités, Littérature et Philosophie ou Langues, Littératures et Cultures étrangères et régionales

Tle
- **SPÉ 1 :** Histoire-Géographie, Géopolitique et Sciences politiques
- **SPÉ 2 :** SES

Conseil : vous pouvez suivre l'enseignement optionnel Droit et grands enjeux du monde contemporain.

« Je veux faire STAPS

1re

- **SPÉ 1 : Mathématiques**
- **SPÉ 2 : SVT**
- **SPÉ 3 : SES** ou **Histoire-Géographie, Géopolitique et Sciences politiques** ou **Humanités, Littérature et Philosophie**

Tle

- **SPÉ 1 : Mathématiques**
- **SPÉ 2 : SVT**

Conseil : vous devez être sportif mais aussi bon en maths ou aimer les sciences sociales.

« Je veux faire une CPGE ingénieur

1re

- **SPÉ 1 : Mathématiques**
- **SPÉ 2 : Physique-Chimie**
- **SPÉ 3 : SVT** ou **Sciences de l'ingénieur** ou **Numérique et Sciences informatiques**

Tle

- **SPÉ 1 : Mathématiques**
- **SPÉ 2 : Physique-Chimie**

Conseil : vous pouvez suivre l'enseignement optionnel Mathématiques expertes.

ou

- **SPÉ 1 : SVT**
- **SPÉ 2 : Physique-Chimie**

Conseil : vous pouvez suivre l'enseignement optionnel Mathématiques complémentaires.

> **Je veux faire une CPGE commerciale**

1re

- **SPÉ 1 : Mathématiques**
- **SPÉ 2 : SES**
- **SPÉ 3 : Histoire-Géographie, Géopolitique et Sciences politiques**

Tle

- **SPÉ 1 : Mathématiques**
- **SPÉ 2 : SES**

Conseil : vous pouvez suivre l'enseignement optionnel Mathématiques expertes.

> **Je veux faire une licence de psychologie**

1re

- **SPÉ 1 : Mathématiques**
- **SPÉ 2 : SVT** ou **Physique-Chimie**
- **SPÉ 3 : Humanités, Littérature et Philosophie**

Conseil : renseignez vous sur les attendus en maths pour entrer en licence de psychologie.

Tle

- **SPÉ 1 : Mathématiques** ou **SVT** ou **Physique-Chimie**
- **SPÉ 2 : Humanités, Littérature et Philosophie**

Conseil : si vous ne prenez pas la spécialité Mathématiques, prenez l'option Mathématiques complémentaires.

« Je veux faire des études de comptabilité

1re
- **SPÉ 1 :** Mathématiques
- **SPÉ 2 :** SES
- **SPÉ 3 :** Histoire-Géographie, Géopolitique et Sciences politiques

Tle
- **SPÉ 1 :** Mathématiques
- **SPÉ 2 :** SES

« Je veux travailler dans le tourisme

1re
- **SPÉ 1 :** Mathématiques
- **SPÉ 2 :** SES
- **SPÉ 3 :** Langues, Littératures et Cultures étrangères et régionales

Tle
- **SPÉ 1 :** Langues, Littératures et Cultures étrangères et régionales
- **SPÉ 2 :** SES

Conseil : vous pouvez suivre l'enseignement optionnel Mathématiques complémentaires.

Je veux travailler dans le digital, les nouvelles technologies

1re

- **SPÉ 1 : Mathématiques**
- **SPÉ 2 : Numérique et Sciences informatiques**
- **SPÉ 3 : Sciences de l'ingénieur** ou **SES**

Tle

- **SPÉ 1 : Mathématiques**
- **SPÉ 2 : Numérique et Sciences informatiques**

Conseil : vous pouvez suivre l'enseignement optionnel Mathématiques expertes.

ou

- **SPÉ 1 : Numérique et Sciences informatiques**
- **SPÉ 2 : Sciences de l'ingénieur**

Conseil : vous pouvez suivre l'enseignement optionnel Mathématiques complémentaires.

QUAND VOUS NE SAVEZ PAS VERS QUELLE VOIE VOUS DIRIGER

- Étape 1 : cherchez d'abord à comprendre ce que vous aimez : les sciences, les nouvelles technologies, l'économie, les langues, la littérature…
- Étape 2 : évaluez ensuite vos compétences dans ces domaines. Si elles sont élevées, approfondissez vos recherches, sinon posez-vous la question de votre motivation et capacité à persévérer dans ces domaines.
- Étape 3 : documentez-vous pour faire le lien avec les filières et grands univers de métiers auxquels ces domaines peuvent vous conduire (vous n'avez pas besoin d'être 100 % sûr de faire tel ou tel métier pour autant).
- Étape 5 : renseignez-vous sur les attendus des filières en question.
- Étape 4 : définissez vos vœux de spécialité en conséquence.

- **Cette démarche implique une véritable réflexion**, l'idéal étant de ne pas faire des choix de spécialité par défaut, choix qui seront de toute façon soumis à l'aval de votre établissement en termes de faisabilité et de réalisme.
- Pour cela, rendez-vous dans la partie orientation (▶ p. 67) et dans votre carnet (▶ p. 97).

LE CYCLE TERMINAL

LA CLASSE DE PREMIÈRE

ENSEIGNEMENTS COMMUNS

Français	4h00
Histoire-Géographie	3h00
EMC	18h00/an
LVA et LVB	4h30
EPS	2h00
N Enseignement scientifique	2h00

ENSEIGNEMENTS DE SPÉCIALITÉ — 3 AU CHOIX

N Histoire-Géographie, Géopolitique et Sciences politiques	4h00
N Humanités, Littérature et Philosophie	4h00
N Langues, Littératures et Cultures étrangères	4h00
N Langues, Littératures et Cultures de l'antiquité	4h00
N Numérique et Sciences informatiques (NSI)	4h00
Mathématiques	4h00
Physique-Chimie	4h00
Sciences de la vie et de la Terre (SVT)	4h00
Sciences de l'ingénieur (SI)	4h00
Sciences économiques et sociales (SES)	4h00
Arts	4h00

ENSEIGNEMENTS OPTIONNELS — 1 OU 2 AU CHOIX

LVC	3h00
Arts	3h00
EPS	3h00
LCA : Latin*	3h00
LCA : Grec*	3h00

N nouveau

* les LCA peuvent être prises en plus

LA CLASSE DE TERMINALE

ENSEIGNEMENTS COMMUNS

▶ Philosophie	4h00
▶ Histoire-Géographie	3h00
▶ EMC	18h00/an
▶ LVA et LVB	4h00
▶ EPS	2h00
N ▶ Enseignement scientifique	2h00

ENSEIGNEMENTS DE SPÉCIALITÉ

2 AU CHOIX parmi ceux choisis en 1re

N ▶ Histoire-Géographie, Géopolitique et Sciences politiques	6h00
N ▶ Humanités, Littérature et Philosophie	6h00
N ▶ Langues, Littératures et Cultures étrangères et régionales	6h00
N ▶ Langues, Littératures et Cultures de l'antiquité	6h00
▶ Numérique et Sciences informatiques (NSI)	6h00
▶ Mathématiques	6h00
▶ Physique-Chimie	6h00
▶ Sciences de la vie et de la Terre (SVT)	6h00
▶ Sciences de l'ingénieur (SI)	6h00
▶ Sciences économiques et sociales (SES)	6h00
▶ Arts	6h00

ENSEIGNEMENTS OPTIONNELS

1 AU CHOIX

▶ Mathématiques expertes (seulement pour ceux qui ont pris la spécialité maths en Tle)	3h00
▶ Mathématiques complémentaires (seulement pour ceux qui ont pris la spécialité maths en 1re et pas en Te)	3h00
▶ Droit et grands enjeux du monde contemporain	3h00

Option de première à poursuivre

1 AU CHOIX

▶ LCA* : Latin et/ou Grec	3h00

N nouveau

* les LCA peuvent être prises en plus

LA VOIE TECHNOLOGIQUE

Après l'année de seconde, qui permet d'acquérir une culture commune grâce aux enseignements communs, vous pouvez choisir de poursuivre vers un des baccalauréats technologiques.

LES BACCALAURÉATS TECHNOLOGIQUES

- Les baccalauréats technologiques permettent d'**acquérir des connaissances spécialisées**, et à ce titre, ils sont organisés par grands domaines, comme **la santé, le social, la gestion, l'industrie, le développement durable, les arts, l'hôtellerie, la restauration**...
- Les enseignements technologiques y sont privilégiés, principalement par le biais de **projets et d'études de situations de terrain**.
- Ces baccalauréats destinent majoritairement à des **formations techniques supérieures courtes (DUT, BTS)** mais peuvent aussi déboucher sur des études plus longues : licences, CPGE à filières technologiques, écoles spécialisées....

L'ORGANISATION DE LA VOIE TECHNOLOGIQUE

- Contrairement à la voie générale, **les séries sont maintenues** mais **l'organisation du lycée change et les programmes sont revus**.
- En première et en terminale (hors TMD et STAV), quelle que soit la série choisie, des **enseignements communs à ceux de la voie générale** sont délivrés en : **Français, Philosophie, Histoire-Géographie, Langues vivantes A et B, Éducation physique et sportive, Mathématiques et Enseignement moral et civique.**

LES SÉRIES

- La série technologique choisie **détermine automatiquement vos enseignements de spécialité.**
- Vous aurez **trois spécialités en première puis deux en terminale.**

LA VOIE TECHNOLOGIQUE

ENSEIGNEMENTS COMMUNS

Français en 1re et Philosophie en Tle	3h00-3h30
Histoire-Géographie	1h30
EMC	18h00/an
Mathématiques	3h00
LVA et LVB	4h00
EPS	2h00

SÉRIES — 1 AU CHOIX

- STMG : Sciences et technologies du management et de la gestion
- ST2S : Sciences et technologies de la santé et du social
- STHR : Sciences et technologies de l'hôtellerie et de la restauration
- STI2D : Sciences et technologies de l'industrie et du développement durable
- STL : Sciences et technologies de laboratoire
- STD2A : Sciences et technologies du design et des arts appliqués
- S2TMD : Techniques de la musique et de la danse
- STAV : Sciences et technologies de l'agriculture et du vivant

LES ENSEIGNEMENTS OPTIONNELS

- En complément des enseignements de spécialité de votre série, vous pourrez choisir **un ou deux enseignements optionnels**, parmi : Arts, Éducation physique et sportive, Langue vivante.

▶ Dans chacune des séries, il y a trois spécialités en première qui fusionnent en deux en terminale.

Sciences et technologies de la santé et du social (ST2S)

SPÉCIALITÉS

Sciences et techniques sanitaires et sociales : actualité sanitaire et sociale, besoins de santé, politiques publiques et des institutions

Biologie et physiopathologie humaines : organisation générale de l'être humain, étude des grandes fonctions et de certaines pathologies

Physique-chimie pour la santé : en relation avec la biologie et physiopathologie humaine

POURSUITE D'ÉTUDES POSSIBLES

Écoles spécialisées du paramédical et social : IFSI, EFTS ; BTS, DUT Santé / Social, licence Sciences pour la santé, etc.

Sciences et technologies de laboratoire (STL)

SPÉCIALITÉS

Biochimie-biologie : compétences scientifiques et technologiques en biochimie et biologie

Physique-chimie et mathématiques : méthodes et démarches scientifiques, pratique expérimentale et modélisation ; mathématiques appliquées à la physique, chimie et aux biotechnologies

Biotechnologies ou **Sciences physiques et chimiques en laboratoire**

POURSUITE D'ÉTUDES POSSIBLES

BTS, DUT et licences Sciences du Vivant, CPGE en Filière technologie, écoles d'ingénieurs, etc.

Sciences et technologies du Design et des Arts Appliqués (STD2A)

À SAVOIR

En Seconde, vous pouvez prendre l'enseignement optionnel technologique Création et culture design.

SPÉCIALITÉS

Design et métiers d'art

Physique-chimie appliquée : connaissance et transformation des matériaux ; lumière, couleur, analyse des objets d'arts...

Outils et langages numériques appliqués à la conception / création

POURSUITE D'ÉTUDES POSSIBLES

DN MADE, DMA, écoles d'arts, licences ou CPGE Arts et Design, etc.

Sciences et technologies de l'industrie et du développement durable (STI2D)

SPÉCIALITÉS

Innovation technologique : objets manufacturés, systèmes techniques, construction, applications informatiques...

Ingénierie et développement durable

Physique-chimie et mathématiques

POURSUITE D'ÉTUDES POSSIBLES

BTS, DUT industrie et développement durable, licences scientifiques et technologiques, CPGE filière technologie et sciences industrielles (TSI), etc.

Sciences et technologie du management et de la gestion (STMG)

SPÉCIALITÉS

Sciences de gestion et numérique : principes généraux de gestion

Management : fonctionnement des entreprises et organisations publiques

Droit et économie

POURSUITE D'ÉTUDES POSSIBLES

BTS, DUT, licences gestion, vente, communication, services informatiques, CPGE, etc.

Sciences et techniques du théâtre, de la musique et de la danse (S2TMD)

À SAVOIR

Les élèves sont inscrits dans un conservatoire ayant signé une convention avec leur établissement.

SPÉCIALITÉS

Économie, droit et environnement du spectacle vivant

Culture centrée sur la pratique artistique de l'élève

Pratique artistique : chorégraphique ou musicale ou théâtrale

POURSUITE D'ÉTUDES POSSIBLES

Conservatoire (sur concours), Licence Arts du spectacle, musicologie, animation culturelle, gestion d'établissements culturels, etc.

Sciences et techniques de l'hôtellerie et de la restauration (STHR)

À SAVOIR

Il faut choisir cette série en fin de 3e car la classe de Seconde est spécifique.

SPÉCIALITÉS

Économie et gestion hôtelière

Sciences et technologies culinaires et des services

Enseignement scientifique alimentation et environnement

+ stage en milieu professionnel sur quatre semaines

POURSUITE D'ÉTUDES POSSIBLES

Mention complémentaire en un an (ex : organisateur de réception), Brevet professionnel en 2 ans (ex : sommelier), BTS hôtellerie restauration ou Tourisme, etc.

Sciences et technologies de l'agriculture et du vivant (STAV)

À SAVOIR

En lycée agricole, chaque établissement a son programme spécifique.

SPÉCIALITÉS

Gestion des ressources et de l'alimentation (dont Physique, chimie, biologie)

Territoires et sociétés : économie, entreprises, marchés

Technologie à choisir parmi : aménagement d'espaces, agroéquipement, productions agricoles, services, et la transformation liée à la fabrication de produits alimentaires

+ stages individuels et collectifs

POURSUITE D'ÉTUDES POSSIBLES

BTS agricoles, DUT de biologie, écoles d'ingénieurs, licence, CPGE
Filière technologie et biologie pour écoles d'ingénieurs ou études vétérinaires, etc.

LE NOUVEAU BAC

LES FAITS MARQUANTS

Le nouveau bac a vocation à mieux ***valoriser la régularité du travail des lycéens*** *pendant les années de première et terminale, et à* ***mieux les préparer*** *à ce qui fera leur* ***réussite dans l'enseignement supérieur****.*

LES PRINCIPES FONDAMENTAUX INCHANGÉS

- Le Bac est obtenu à partir d'une **moyenne générale de 10/20** ;
- Il n'existe **pas de note éliminatoire** ;
- Le système actuel **de compensation et de mentions** est maintenu ;
- **L'oral de rattrapage est maintenu** en tant que seconde chance.

UNE SIMPLIFICATION DES ÉPREUVES DU BAC

- Ce baccalauréat **supprime les filières de la voie générale (ES, L et S)** pour délivrer **un même diplôme pour tous**, avec des **enseignements communs**, des **enseignements de spécialité** et la possibilité d'**enseignements optionnels**.
- Au lieu des 12 à 16 épreuves finales précédentes, le nouveau bac donne une **large place au contrôle continu, tout au long des classes de première et de terminale (40 % de la note finale)**.
- Cela permet de ne pas tout jouer sur une seule session d'examen, d'éviter les accidents, et d'inciter à **travailler en continu plutôt que de « bachoter »**.
- **Les épreuves anticipées et terminales comptent pour 60% de la note finale.**

SYNTHÈSE DE LA NOTATION

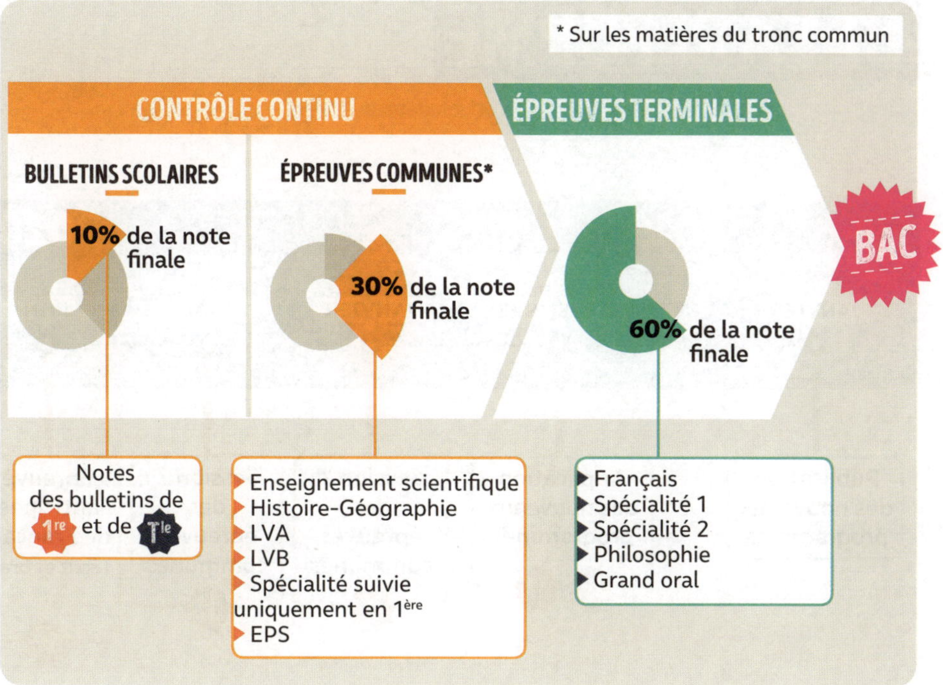

LE CALENDRIER DE LA RÉFORME

JANVIER 2019 / JUIN 202

2019

- **JANVIER** : Publication des nouveaux programmes
- **SEPTEMBRE** : Application des nouveaux programmes (2de, 1re)

2020

- **JANVIER** : Session 1 des épreuves communes (1re)
- **MAI** : Session 2 des épreuves communes (1re)
- **JUIN** : Épreuve anticipée de Français (écrit et oral) (1re)

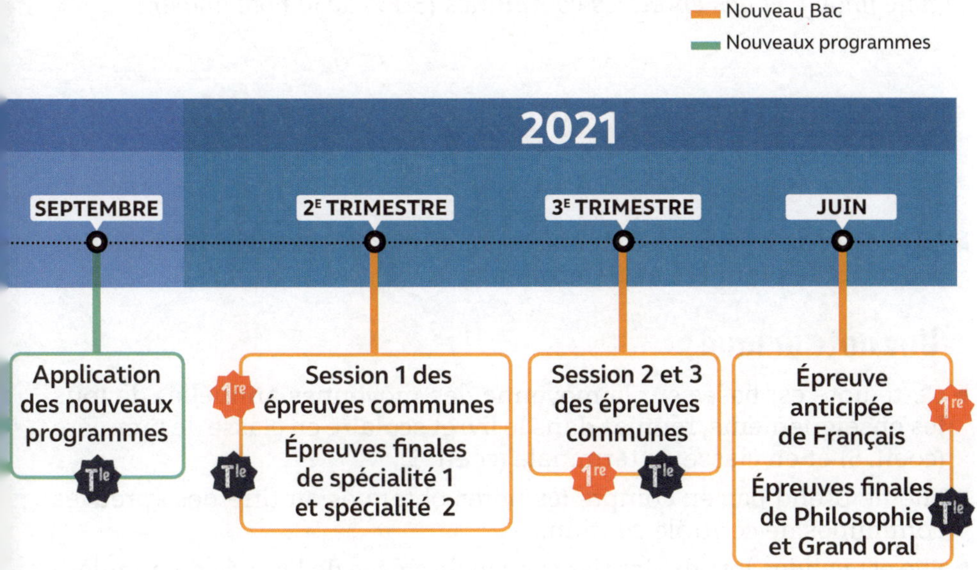
Nouveau Bac
Nouveaux programmes
2021
SEPTEMBRE
2E TRIMESTRE
3E TRIMESTRE
JUIN
Application des nouveaux programmes
Tle
Session 1 des épreuves communes
1re
Épreuves finales de spécialité 1 et spécialité 2
Tle
Session 2 et 3 des épreuves communes
1re
Tle
Épreuve anticipée de Français
1re
Épreuves finales de Philosophie et Grand oral
Tle

LE CONTRÔLE CONTINU

*Le contrôle continu correspond à **40 % de la note finale**.*
*Il est composé des **bulletins scolaires de première et terminale** (10 % de la note finale), et des **épreuves communes** (30 % de la note finale).*

LES BULLETINS SCOLAIRES

▶ 10 % de la note finale seront établis à partir de l'ensemble des **bulletins scolaires de première et de terminale.**

Une note unique

▶ Cette note est basée sur la **moyenne des moyennes annuelles de tous les enseignements, réunies dans le livret scolaire** en classe de première (coeff. 5) et en classe de terminale (coeff. 5).

▶ Elle ne prend pas en compte les notes obtenues au titre des épreuves communes de contrôle continu.

▶ Elle est validée lors du **dernier conseil de classe de l'année de première et de terminale.**

Place des enseignements optionnels dans le bulletin

▶ **Deux enseignements optionnels maximum** sont pris en compte pour l'évaluation. Au-delà de deux options suivies, les deux meilleures moyennes sont prises en compte.

▶ Étant donnée cette règle, si la moyenne obtenue à l'option Langues, Littératures et Cultures de l'Antiquité n'était pas prise en compte, le bonus éventuel pour cette matière (points de la moyenne au-delà de 10) s'ajouterait toujours néanmoins au total des points obtenus par le candidat.

BON À SAVOIR

Les points supérieurs à 10 sont affectés d'un coefficient 3 et s'ajoutent au nombre total de points obtenus au baccalauréat, c'est le « bonus LCA ».

LES ÉPREUVES COMMUNES

BON À SAVOIR

Les épreuves communes de contrôle continu sont appelées E3C, suivi du numéro de session. Ainsi, la première session en classe de première est appelée E3C1.

En voie générale

- **Trois sessions d'épreuves** sont mises en place durant le cycle terminal : **deux sessions en première** et **une en terminale.**
- Elles ont lieu pour **tous les enseignements communs et pour l'enseignement de spécialité qui sera abandonné en terminale.**
    - Histoire-Géographie
    - Enseignement scientifique (voie générale) ou Mathématiques (voie technologique)
    - LVA
    - LVB
    - Enseignement de spécialité suivi en 1re uniquement
    - EPS
- Chaque épreuve a pour **coefficient 5**, soit **30 % de la note finale au total.**
- Pour chacune de ces matières, c'est la **moyenne des notes obtenues lors des épreuves communes** qui est prise en compte (quel que soit leur nombre).
- Toutes les matières ayant le même coefficient, c'est la **moyenne de tous les enseignements** qui donne la note globale des épreuves de contrôle continu.
- Concernant la spécialité abandonnée en fin de première : l'élève communique au conseil de classe du second trimestre l'enseignement de spécialité qu'il ne souhaite pas poursuivre en terminale et qui fera l'objet d'une épreuve commune de contrôle continu en fin d'année de première.

En voie technologique

▶ Les **enseignements de spécialité** faisant l'objet d'une épreuve commune de contrôle continu sont les suivants, selon les séries :

- ST2S : Physique-Chimie pour la santé
- STL : Biochimie – biologie
- ST2A : Physique-Chimie
- STI2D : Innovation technologique
- STMG : Sciences de gestion et numérique
- STHR : Enseignement scientifique alimentation – environnement
- S2TMD : Économie, droit et environnement du spectacle vivant

Dates des épreuves communes

▶ Les dates de ces épreuves sont **fixées par les lycées**, et ceci même si le ministère propose que les **deux sessions de première se déroulent en deuxième et troisième trimestre et celle de terminale au deuxième trimestre**. Une convocation sera envoyée par le chef d'établissement à chaque candidat.

▶ Ce choix est fait en cohérence avec les dates de la commission d'harmonisation académique dans la mesure du possible, **dans le cadre des emplois du temps normaux des élèves** et en évitant la « banalisation » de journées pour l'organisation des épreuves.

▶ Dans l'éventualité d'une absence pour cas de force majeure, une épreuve de remplacement pourra être organisée par le même établissement.

ATTENTION

En cas d'absence sans justificatif ou hors cause de force majeure la note de zéro vous sera attribuée pour l'épreuve.

Sujets des épreuves communes

▶ Ils seront tirés d'une **base nationale**, et élaborés sous la direction de l'inspection générale et sous l'autorité du ministre. Ils tiennent compte des progressions pédagogiques des programmes d'enseignement de première et de terminale. Ils sont centralisés dans une **banque nationale de sujets**.

- Les professeurs choisissent les sujets dans la **banque nationale**, sous la responsabilité du chef d'établissement. Aucune modification ne peut y être apportée.

Modalités de correction des épreuves communes

- Les copies seront **anonymes** et **corrigées par d'autres enseignants que ceux de l'élève**. Si le nombre d'enseignants est insuffisant, le ministre laisse la possibilité aux lycées d'échanger leurs copies avec les établissements à proximité.
- Les copies originales sont rendues aux candidats ; l'établissement garde une reproduction (papier ou numérique) de la version corrigée pendant une année après la publication des résultats de la session d'examen.
- Dans chaque académie est mise en place **une commission d'harmonisation des notes des épreuves communes de contrôle continu**, présidée par le recteur d'académie ou son représentant et composée d'inspecteurs pédagogiques régionaux et d'enseignants de l'enseignement public ou privé sous contrat nommés par le recteur d'académie.
- Cette commission se réunit après chaque série d'épreuves, au plus tard à la fin du trimestre considéré. On y recherche d'éventuelles discordances manifestes des notes (entre lots de copies pour un sujet donné ou entre sujets pour un enseignement donné).
- La commission peut procéder à des contrôles de copies, et si nécessaire, à la révision de notes.
- Elle communique les notes au **jury du baccalauréat** qui arrêtera la note finale de chaque candidat.

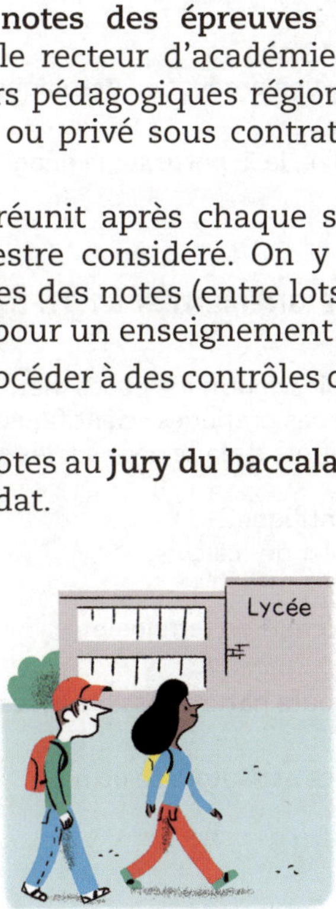

DÉTAIL DES ÉPREUVES

HISTOIRE-GÉOGRAPHIE

2 h

▶ **Objectifs**
Mobiliser des connaissances fondamentales pour la compréhension du monde
Rédiger des réponses construites et argumentées
Exploiter, organiser et confronter des informations
Analyser un document
Comprendre, interpréter et pratiquer différents langages graphiques

▶ **Modalités**
3 épreuves écrites : 2 en première, 1 en terminale

▶ **Description de l'épreuve**
Une question problématisée (10 pts)
Une analyse de documents ou une production graphique (10 pts)

▶ **Spécificités**
Si la 1re partie porte sur l'histoire, la 2e porte sur la géographie, et inversement

ENSEIGNEMENT SCIENTIFIQUE

2 h

▶ **Objectifs**
Comprendre la nature du savoir scientifique et ses méthodes d'élaboration
Identifier et mettre en œuvre des pratiques scientifiques
Identifier et comprendre les effets de la science sur les sociétés et l'environnement
Exploiter des documents
Rédiger un argumentaire scientifique
Organiser, effectuer et contrôler des calculs

▶ **Modalités**
2 épreuves écrites : 1 en première, 1 en terminale

▶ **Description de l'épreuve**
2 exercices indépendants de toute nature possible (questions ouvertes, QCM…)

▶ **Spécificités**
Le sujet précise si la calculatrice est autorisée ou non

LANGUES VIVANTES A ET B

2 h

▶ **Objectifs**

Langue vivante A :

Comprendre l'essentiel d'un sujet concret ou abstrait dans un texte complexe
Communiquer avec un degré de spontanéité et d›aisance
Émettre un avis sur un sujet d'actualité et en débattre

Langue vivante B :

Comprendre les points essentiels quand un langage clair est utilisé
Se débrouiller dans la plupart des situations rencontrées en voyage
Produire un discours simple et cohérent, raconter un événement, une expérience, défendre un projet ou une idée

▶ **Modalités**

2 épreuves écrites en première, 1 épreuve écrite et orale en terminale

Épreuve 1 (1h)

Compréhension orale (à l'écrit et en français), expression écrite à partir d'une ou deux questions

Épreuve 2 (1h30)

Compréhension de l'écrit à partir d'un ou deux textes, expression écrite à partir d'une ou deux questions

Épreuve 3 (2h d'écrit, 10 min d'oral)

Compréhension de l'écrit à partir d'un ou deux textes, compréhension orale (à l'écrit et en français), expression écrite à partir de questions
Oral : discussion avec le jury autour d'un axe culturel du programme avec l'appui de documents et de citations

LES ÉPREUVES FINALES

*Elles correspondent à **60 % de la note finale**.*
*Elles sont composées à **10 % du français**, et **50 % des autres matières**.*

EN PREMIÈRE : L'ÉPREUVE ANTICIPÉE DE FRANÇAIS

▶ L'écrit et l'oral de Français sont « revisités ».

L'épreuve écrite (coeff. 5)

▶ Elle dure **4 heures**.

▶ Elle comporte deux types de travaux d'écriture, en lien avec les thèmes du programme :

▶ Un **commentaire** portant sur un texte littéraire qui n'est pas issu d'une des œuvres au programme.

Ou

▶ Une **dissertation** : avec le choix entre 3 sujets, chacun en rapport avec l'une des œuvres au programme et son parcours associé.

L'épreuve orale (coeff. 5)

▶ Les élèves disposent de **30 min** de préparation puis ont **20 min** d'oral.

▶ L'oral est structuré en deux parties :

▶ Partie 1 (12 minutes) :

Lecture du texte (2 pts)

Analyse linéaire du texte (8 pts)

Réponse à une question de grammaire (2 pts)

▶ Partie 2 (8 minutes) :

Une brève présentation de l'œuvre retenue par le candidat, qui expose les raisons de son choix, et un échange avec l'examinateur (8 pts)

EN TERMINALE : LES ÉPREUVES FINALES

- Elles comprennent les **enseignements de spécialités** de terminale, l'épreuve de **philosophie**, et le **grand oral**.
- Elles ont lieu au retour des vacances de printemps.
- ***Préciser modalités (sur le mode des modalités de contrôle continu) : d'où viennent les sujets etc... Même si pas de nouveauté contrairement à contrôle continu.***

Les enseignements de spécialité

HISTOIRE-GÉOGRAPHIE, GÉOPOLITIQUE ET SCIENCES POLITIQUES

4 h

▸ Description de l'épreuve

Écrit de 4h composé de deux exercices :

- Une dissertation de 2h (10 points)
- Une étude critique d'un ou deux documents de 2h (10 points)

▸ Spécificités

Les thèmes 1, 2, 3 et 5 du programme sont évalués les années paires.
Les thèmes 2, 4, 5 et 6 sont évalués les années impaires.

HUMANITÉS, LITTÉRATURE ET PHILOSOPHIE

4 h

▸ Description de l'épreuve

Écrit de 4h composé de questions obligatoires sur un même texte relatif à l'un des thèmes du programme :

- Une question d'interprétation et de compréhension
- Un essai

▸ Spécificités

Un des deux exercices relève d'une approche philosophie et l'autre littéraire.

ARTS

4 h

> Modalités :

- Écrit de 3h30 : court essai ou dissertation sur un dossier de documents ou extraits d'œuvres
- Oral de 30min : une proposition artistique suivie d'un entretien sur une note préalable

LANGUES, LITTÉRATURES ET CULTURES ÉTRANGÈRES ET RÉGIONALES — 4 h

▶ Description de l'épreuve

Écrit de 4h :
- Synthèse guidée par 3 ou 4 questions sur 3 ou 4 documents – dont au moins un texte littéraire et un document iconographique (16 points)
- Traduction en français d'un passage du dossier (4 points)

Oral de 20 min dans la langue étrangère ou régionale choisie :
- Préparation en amont d'un dossier personnel de 6 à 8 documents
- Présentation du dossier en 10min
- Questions de 10min environ

▶ Spécificités

Pour ces deux épreuves, le niveau attendu est B2/C1.

MATHÉMATIQUES — 4 h

▶ Description de l'épreuve

Écrit de 4h composé de 3 à 5 exercices indépendants les uns des autres.

▶ Spécificités

Les sections suivantes du programme ne sont pas évaluées à l'écrit :
- Fonctions sinus et cosinus ;
- Calcul intégral ;
- Concentration, loi des grands nombres.

La section « Combinatoire et dénombrement » du programme de spécialité de terminale est mobilisable mais ne peut constituer le ressort essentiel d'un exercice. Le sujet précise si l'usage de la calculatrice est autorisé.

NUMÉRIQUE ET SCIENCES INFORMATIQUES — 3 h 30

▶ Description de l'épreuve

- Écrit de 3h30 : le candidat devra choisir 3 exercices parmi les 5 proposés (12 points – 4 pour chaque exercice)
- Pratique de 1h : résolution de 2 exercices sur un ordinateur – dont un sur la programmation d'un algorithme – suivie d'un échange avec l'examinateur

▶ Spécificités

La calculatrice est interdite.

PHYSIQUE-CHIMIE

3 h 30

▶ Description de l'épreuve

- Écrit de 3h30 : 3 exercices indépendants et sur des thèmes différents, accompagnés de documents et pouvant intégrer des aspects expérimentaux (20 points)
- Pratique de 1h : évaluation extraite de la banque nationale de sujets (20 points)

▶ Spécificités

Le sujet précise si l'usage de la calculatrice est autorisé.

SCIENCES DE LA VIE ET DE LA TERRE

3 h 30

▶ Description de l'épreuve

Écrit de 3h30 (15 points) :
- Exercice 1 : rédaction d'un texte argumenté en réponse à une question scientifique accompagnée de documents
- Exercice 2 : proposition d'un développement scientifique sur un problème donné

Pratique de 1h (5 points) : évaluation des compétences expérimentales

▶ Spécificités

Les parties suivantes du programme de terminale ne pourront pas faire l'objet d'une évaluation lors de cette évaluation terminale :
- D'autres mécanismes contribuent à la diversité du vivant ;
- La domestication des plantes ;
- Comprendre les conséquences du réchauffement climatique et les possibilités d'actions ;
- L'organisme débordé dans ses capacités d'adaptation.

SCIENCES DE L'INGÉNIEUR

4 h

▶ Description de l'épreuve

Écrit de 4h :
- Sciences de l'ingénieur : exercice sur un produit spécifique (3h)
- Sciences physiques : 2 exercices indépendants (1h)

▶ Spécificités

Les parties suivantes du programme de terminale ne pourront pas faire l'objet d'une évaluation lors de cette évaluation terminale :
- Innover ;
- Expérimenter et simuler ;
- Communiquer ;
- Ondes et signaux.

SCIENCES ECOMONIQUES ET SOCIALES

4 h

▶ Description de l'épreuve

Écrit de 4h avec au choix :

- Une dissertation sur un dossier documentaire
- Une épreuve en 3 parties : mobilisation des connaissances (4 points), étude d'un document (6 points), raisonnement sur un dossier documentaire (10 points)

Le document support de l'étude de document sur 6 points est distinct du dossier documentaire sur 10 points

LANGUES, LITTÉRATURES ET CULTURES DE L'ANTIQUITÉ

4 h

▶ Description de l'épreuve

Écrit de 4h sur un corpus de 3 textes – un en latin ou grec accompagné de sa traduction, un texte de littérature française moderne, un court texte latin ou grec

- Étude de la langue (10 points)
- Compréhension (10 points)

▶ Spécificités

Dictionnaire latin-français ou grec-français autorisé.

Une note de service définit le périmètre des programmes faisant l'objet de cette épreuve.

L'épreuve de Philosophie

▶ Ce choix correspond à une tradition française et à la nécessité de conforter l'esprit critique dans la formation des jeunes générations.

▶ Elle a lieu en toute fin d'année, au moins de juin.

▶ Voie générale : un écrit de **4h**, **coefficient 8**, avec au choix une dissertation, une dissertation avec corpus de textes, ou une explication de texte.

Voie technologique : un écrit de **4h** avec au choix une dissertation ou une explication de texte, toutes les deux guidées par des questions auxquelles le candidat peut répondre au fur et à mesure ou les intégrer dans un développement global.

LE GRAND ORAL

La mise en place de cette nouvelle épreuve obligatoire au bac a vocation à ***promouvoir la prise de parole en public*** *et à* ***développer l'aisance d'expression à l'oral*** *des lycéens, qui est* ***clé dans la réussite des études supérieures*** *et d'une majorité de parcours professionnels.*
Le grand oral compte pour 10 % de la note finale.

LA FINALITÉ DU GRAND ORAL

▶ Cette épreuve doit permettre au candidat de :

- Montrer sa capacité à **prendre la parole en public** de façon claire et convaincante ;
- Utiliser ses connaissances acquises (en particulier dans ses enseignements de spécialité) au service d'une **démarche d'argumentation** ;
- Montrer comment ces enseignements de spécialité ont nourri son projet de poursuite d'études, voire son **projet professionnel**.

▶ **Le jury**, composé de deux professeurs de disciplines différentes, dont au moins un représente l'un des deux enseignements de spécialité du candidat, évalue :

- **le fond** : solidité des connaissances, capacité à argumenter et à relier les savoirs, pertinence critique ;
- et **la forme** : qualité oratoire, précision, clarté dans l'expression, engagement et force de conviction, respect du temps imparti, relation avec son auditoire.

BON À SAVOIR

Les candidats à besoins particuliers peuvent bénéficier d'aménagements spécifiques pour cette épreuve.

LES QUESTIONS

- Elles portent obligatoirement sur les deux enseignements de spécialité de Terminale, qui peuvent être pris isolément ou abordés de manière transversale.
- Pendant l'année, donc en amont de l'épreuve, le candidat aura choisi **deux questions** qui mettent en lumière l'un des grands enjeux en lien avec les programmes de cycle terminal de ces enseignements. Ces questions auront été élaborées et préparées par le candidat avec ses professeurs et, s'il le souhaite, avec d'autres élèves.
- Lors du grand oral, le jury vous interrogera sur **le lien entre les sujets que vous avez choisis, et votre projet post-bac** : même si ce temps d'échange reste court (5 min), il est néanmoins important que vous puissiez être à l'aise sur ce sujet. Cela implique que vous **identifiez clairement le lien que vous faites entre vos spécialités et vos choix d'études ou de métier**...
- Cela peut sembler évident à certains dès le début du cycle terminal, ou pour d'autres, émerger au fur et à mesure du cycle, ou encore, ressortir et se clarifier justement lors du travail de préparation des sujets du grand oral.
- Cependant pour ceux qui auront choisi des spécialités plus par « stratégie » que par intérêt réel, il faudra être **attentif à développer une argumentation préparée** et suffisante auprès du jury.
- Même si le grand oral n'est en aucun cas un entretien de validation de votre projet post-bac, **ce point fait ressortir l'importance de bien mûrir ses choix de spécialités**, pour bien faire le lien avec ce qui vous motive vraiment. Cela peut sembler stressant, mais **cela procure l'avantage de vous amener à réfléchir de façon très personnelle et active votre relation à vos études supérieures**. C'est d'ailleurs l'un des bénéfices que l'on peut attendre du grand oral, au-delà de la capacité d'expression en public.

Vous trouverez dans le carnet d'orientation pp. 112-119 les questions à vous poser en Première et en Terminale pour mûrir ce choix et les liens entre spécialités et grand oral.

LES MODALITÉS DU GRAND ORAL

Phase de préparation (20 min)

- Au début de l'épreuve, le candidat présente deux questions au jury, qui en choisit une. Le candidat dispose alors de **20 minutes** de préparation pour mettre en ordre ses idées.
- Il peut réaliser, s'il le souhaite, un support qu'il remettra au jury sur une feuille. Attention, en revanche, **l'exposé du candidat se fait sans note**.

Phase de passation (20 min)

La phase de passation se décompose en trois temps :

- **Temps 1 :** Présentation d'une question problématisée (5 min)

Le candidat explique pourquoi il a préparé cette question et la développe.

- **Temps 2 :** Échange avec le candidat (10 min)

Le jury questionne ensuite le candidat pour l'amener à **préciser** et **approfondir** sa pensée et évaluer ainsi ses capacités d'argumentation. Il peut l'interroger sur toute partie du programme du cycle terminal de ses enseignements de spécialités.

BON À SAVOIR

Le candidat présente la première partie du grand oral debout. Pour les deuxième et troisième parties de l'épreuve, il est assis ou debout selon son choix.

- **Temps 3 :** Échange sur le projet d'orientation du candidat (5mn)

Le candidat explique en quoi la question traitée éclaire son projet de poursuite d'études, voire son **projet professionnel**. Il expose les différentes étapes de la maturation de son projet d'orientation (rencontres, engagements, stages, intérêt pour les autres enseignements communs, choix de ses spécialités, etc.) et la manière dont il souhaite le mener après le baccalauréat. Le jury mesure la capacité du candidat à conduire et exprimer une réflexion personnelle témoignant de sa **curiosité intellectuelle** et de son aptitude à **exprimer ses motivations**.

Tableau de cotation avec les critères : grille d'évaluation indicative du « Grand Oral »

1 : très insuffisant ; 2 : insuffisant ; 3 : satisfaisant ; 4 : très satisfaisant

QUALITÉ ORALE DE L'ÉPREUVE		QUALITÉ DE LA PRISE DE PAROLE EN CONTINU		QUALITÉ DES CONNAISSANCES	
Difficilement audible sur l'ensemble de la prestation. Le candidat ne parvient pas à capter l'attention.	1	Enoncés courts, ponctués de pauses et de faux démarrages OU énoncés longs à la syntaxe mal maîtrisée.	1	Connaissances imprécises, incapacité à répondre aux questions, même avec une aide et des relances.	1
La voix devient plus audible et intelligible au fil de l'épreuve mais demeure monocorde. Vocabulaire limité ou approximatif.	2	Discours assez clair mais vocabulaire limité et énoncés schématiques.	2	Connaissances réelles, mais difficulté à les mobiliser en situation à l'occasion des questions du jury.	2
Quelques variations dans l'utilisation de la voix ; prise de parole affirmée. Il utilise un lexique adapté. Le candidat parvient à susciter l'intérêt.	3	Discours articulé et pertinent, énoncés bien construits.	3	Connaissances précises, une capacité à les mobiliser en réponses aux questions du jury avec éventuellement quelques relances	3
La voix soutient efficacement le discours. Qualités prosodiques marquées (débit, fluidité, variations et nuances pertinentes...). Le candidat est pleinement engagé dans sa parole. Il utilise un vocabulaire riche et précis	4	Discours fluide, efficace, tirant pleinement profit du temps et développant ses propositions.	4	Connaissances maîtrisées, les réponses aux questions du jury témoignent d'une capacité à mobiliser ces connaissances à bon escient et à les exposer clairement.	4

QUALITÉ DE L'INTERACTION		QUALITÉ ET CONSTRUCTION DE L'ARGUMENTATION	
Réponses courtes ou rares. La communication repose principalement sur l'évaluateur.	1	Pas de compréhension du sujet, discours non argumenté et décousu.	1
L'entretien permet une amorce d'échange. L'interaction reste limitée.	2	Début de démonstration mais raisonnement lacunaire. Discours insuffisamment structuré.	2
Répond, contribue, réagit. Se reprend, reformule en s'aidant des propositions du jury.	3	Démonstration construite et appuyée sur des arguments précis et pertinents.	3
S'engage dans sa parole, réagit de façon pertinente. Prend l'initiative dans l'échange. Exploite judicieusement les éléments fournis par la situation d'interaction.	4	Maîtrise des enjeux du sujet, capacité à conduire et exprimer une argumentation personnelle, bien construite et raisonnée.	4

RÉUSSIR SON GRAND ORAL

Dédramatiser

- Le terme de « grand oral » peut sembler assez solennel et en impressionner plus d'un... D'autant plus que, pour un grand oral, il dure finalement assez peu de temps : seulement **20 minutes**, et que cette concentration d'un travail d'un an sur une durée si courte peut augmenter encore la pression. L'on peut se sentir très intimidé par le fait de devoir prendre ainsi la parole, qui est un exercice auquel notre système scolaire prépare peu.
- Cependant si on y regarde d'un peu plus près, **l'oral, on le pratique beaucoup** : tout d'abord, au plan strictement scolaire, il y a déjà eu l'oral du brevet. Si le grand oral est bien plus complexe, l'exercice n'est en tout cas pas absolument inconnu. Et que dire des compétences d'oral à la maison, en classe, avec les amis...
- Au baccalauréat, il va falloir **mobiliser le meilleur de cet acquis**, en musclant les aspects sur lesquels on était moins entraîné : pour certains, la structuration des idées et la capacité d'argumentation logique, pour d'autres, la posture et le langage non-verbal, pour d'autres encore, le vocabulaire, le port de la voix et l'articulation...pour d'autres enfin, la gestion des émotions et du stress qu'une telle épreuve peut naturellement provoquer.
- Enfin, **développer son impact à l'oral** dès aujourd'hui peut vous sembler prématuré, mais cela s'inscrit en réalité dans le cadre plus global fixé par l'éducation nationale, et qui va consister à introduire et largement développer cette démarche à l'école dans les prochaines années, et ceci depuis le primaire. En effet, il s'agit là d'une véritable « compétence » déjà largement mise à l'honneur dans d'autres pays et systèmes éducatifs, et d'un savoir-faire pour le long terme, que l'on peut avoir l'occasion d'utiliser dans de nombreuses situations de la vie courante, et pas uniquement en contexte professionnel :

  - Dans des activités associatives

  - Pour développer son réseau de contacts, réussir des entretiens, convaincre un auditoire sur des sujets qui nous tiennent à cœur dans nos activités professionnelles ou extra professionnelles...

  - Et même à plus court terme, développer de solides arguments pour convaincre vos proches dans les domaines qui comptent pour vous !

Bien préparer votre sujet

▶ **S'y prendre à l'avance** :

La préparation du grand oral commence **dès la première** : vous avez donc du temps pour véritablement vous approprier votre thème de travail, bien le faire valider avec vos professeurs, retravailler votre angle d'approche ou éventuellement changer votre sujet.

L'épreuve, qui aura lieu en juin, se prépare tout au long de l'année avec un accent sur la période de mars à juin, une fois les épreuves de spécialité passées.

▶ **Bien choisir son sujet** :

Définissez-le, en lien bien sûr avec l'une de vos deux **spécialités** (qui normalement reflètent déjà vos intérêts) et avec votre projet post-bac, mais aussi en connexion avec vos **thèmes de prédilection**, afin qu'il vous fasse suffisamment « vibrer » : vous défendrez bien mieux un sujet et une position qui vous tiennent à cœur, que s'il vous faut répéter mécaniquement un travail préparé sur un thème qui ne vous fait ni chaud ni froid. Qui plus est, vous passeriez alors à côté du bénéfice de l'exercice.

▶ **Bien choisir ses sources d'information** :

Elles peuvent différer selon les spécialités, mais il est sûr qu'aujourd'hui plus qu'avant, les sources et leurs modalités d'accès sont plus nombreuses, donnant l'impression de plus de facilité, mais comportant néanmoins des pièges :

- Veillez à valider la **fiabilité de vos sources** et à éviter le plagiat.

- Faites la différence entre l'accumulation d'information et l'**analyse d'information** : la tendance à multiplier les sources et « zapper » peut limiter notre capacité à approfondir et prendre la réelle mesure d'un sujet. Là encore, seul le temps permet de prendre de la hauteur et de faire le tri pour pouvoir développer votre propre analyse.

> **BON À SAVOIR**
>
> Pour faire une recherche sur Internet de manière efficace, utiliser les **guillemets** pour une expression précise, le « **+** » pour mettre en lien plusieurs mots-clés, et le « * » pour des mots issus de la même racine.

▶ **Soigner le fond** :

C'est l'occasion d'apprendre à véritablement construire un discours : car au-delà des connaissances, le jury évalue votre **capacité à convaincre à l'oral**.

Il vous faudra donc :

- Cerner la **problématique**, c'est-à-dire la question que pose le sujet ;
- Expliquer **pourquoi** vous avez choisi le sujet ;
- Identifier les différentes parties à aborder, la dialectique, et construire votre **plan** en conséquence ;
- Identifier les **questions** et **contre-arguments** possibles, définir votre position par rapport aux oppositions ;
- Faire la **synthèse** pour présenter uniquement l'essentiel le jour J.

Optimiser votre impact lors de l'oral

▶ **Soigner la forme de votre expression** :

La pertinence de votre réflexion et de vos arguments, et la bonne mobilisation des connaissances attendues, sont essentielles à l'exercice. Mais le grand oral nécessite aussi de « passer un cap » par rapport à vos habitudes d'expression courantes, pour développer ce contenu avec un **langage plus élaboré** : cela nécessite de soigner son vocabulaire, d'éliminer certains tics ou termes inappropriés ou trop familiers, mais aussi de bien faire ressortir la logique de votre raisonnement par une **mise en forme claire et fluide**.

▶ **Soigner votre attitude :**

L'effet que vous allez produire sur le jury est une composante à part entière de cette nouvelle épreuve. Cela passe par des éléments de base tels qu'une tenue vestimentaire simple et soignée, une attitude polie, ainsi que par une **communication positive et bien travaillée** : dire bonjour, regarder les deux personnes du jury dans les yeux, s'exprimer d'une voix claire, timbrée et bien articulée, veiller au langage du corps (une posture dynamique et ouverte), et de façon générale être attentif à la qualité du contact que vous créez avec ce jury.

Tous ces éléments seront de votre responsabilité, vous faisant sortir d'un cadre purement scolaire habituel.

CONSEIL DU COACH

N'oubliez pas qu'il s'agit tout simplement de deux personnes qui ne demandent qu'à être « embarquées », par vous, dans un sujet qui vous intéresse !

ASTUCE

Une façon de rester dans une posture juste, dynamique et tournée vers vos interlocuteurs, est de vous centrer sur le fait que vous désirez les convaincre, dans un domaine qui vous tient personnellement à cœur.

▶ **La partie présentation** :

Vous allez déployer simplement le travail préparé : veillez à rester dans le cadre que vous vous êtes fixé, l'improvisation au dernier moment ne paie pas souvent ! Soignez votre démarrage, qui donnera une bonne impression et vous rassurera pour la suite.

▶ **La partie dialogue avec le jury :**

Celui-ci pourra vous poser des questions pour des raisons très diverses : mieux comprendre votre propos, s'intéresser tout simplement à ce que vous dites... c'est normal et il faut s'y attendre. Certains jurys peuvent parfois poser des questions déstabilisantes : plus vous aurez préparé votre travail, plus vous pourrez accueillir cette dimension de l'exercice avec confort.

Bien vous préparer physiquement et psychologiquement

▶ **Répéter le contenu de votre oral :**

Plus vous aurez travaillé votre présentation à l'écrit et vous l'aurez répétée, plus vous serez en mesure de vous sentir à l'aise avec un niveau d'expression qui doit rester naturel mais qui est plus élaboré qu'habituellement.

Il n'est pas nécessaire – voire contre-productif pour certains – d'apprendre entièrement par cœur votre préparation. En revanche, ayez très clairement en tête son déroulé.

En amont de l'épreuve, appuyez-vous sur un plan sous forme de **fiche** ou de **carte mentale**, synthétique et comprenant les **mots-clés** qui seront vos points d'appuis.

▶ **S'entraîner corporellement :**

La réussite à l'oral, le jour J comme plus tard dans la vie professionnelle, repose autant sur la pertinence des contenus que sur votre **impact** et votre **capacité à incarner votre sujet**. Cette dimension corporelle n'est pas juste un « plus » : elle est essentielle !

Or, elle repose, tout comme une discipline sportive ou artistique, sur l'**entraînement** : il faut « faire ses gammes », roder des comportements en mobilisant encore et encore ce qu'on appelle notre « **mémoire procédurale** », c'est-à-dire la mémoire des actions à mener.

Apprendre ces techniques et les intégrer est l'étape nécessaire pour ensuite lâcher prise et trouver une certaine liberté dans l'exercice et véritablement en profiter comme l'occasion d'un certain plaisir, au-delà du stress assez inévitable.

▶ **Apprivoiser la peur :**

Sachez tout d'abord que si vous avez peur, vous n'êtes pas seul : de nombreux jeunes mais aussi de nombreux adultes sont confrontés à la crainte de s'exprimer à l'oral ! Cette peur est **normale**, elle est un signal de votre corps destinée à mobiliser une réaction chez vous. L'important est de s'en servir plutôt que de la subir, et pour cela, une seule solution, encore et toujours : la **préparation** !

Ainsi utilisez cet oral comme une formidable occasion d'acquérir une **compétence de gestion du stress à l'oral** qui vous servira toute votre vie.

▶ **Développer votre propre gestion du stress :**

Chacun gère le stress plus ou moins facilement, mais même en partant d'un tempérament très émotif ou peu confiant, on peut faire d'énormes progrès en la matière. Sachez que de nombreuses personnes qui semblent très à l'aise (comédiens, chanteurs, orateurs) ont en réalité des milliers d'heures d'entraînement à leur actif pour parvenir à cet état.

Aujourd'hui, de multiples techniques existent et se développent, en particulier avec la mouvance d'approches de développement personnel.

BON À SAVOIR

La Technesthésie (du grec *Teknê* : technique, métier et Aisthêsis : sensation), née en 1946 sous l'impulsion de Régine Lacroix-Neuberth, est une véritable méthode de gymnastique de la parole, qui permet d'en réinvestir la dimension corporelle et sensorielle, et d'optimiser la compréhension du message par l'auditoire, notamment par l'amélioration de l'articulation, la dynamique vocale, et la mise en valeur du texte et de ses groupes de mots.

Quelques pistes

▶ **Entraînez-vous avant l'épreuve :**

Imaginez un trapéziste faire son numéro pour la première fois en public… C'est risqué ! Il est indispensable d'avoir au préalable **répété à voix haute** votre présentation pour être confortable le jour J. Avoir votre travail fin prêt à l'écrit est une chose, le présenter à l'oral en est une toute autre et peut réserver quelques surprises…

▶ Exercice 1

● Essayez de **dire votre texte** à l'oral : vous verrez que vos formules et vos phrases ne fonctionnent pas de la même façon. Revoyez si nécessaire vos formulations pour les dire avec plus d'aisance, mais tout en restant dans une qualité d'expression.

● **Testez** ensuite votre présentation auprès de proches bien choisis : ni trop bienveillants, ni trop critiques. Cela peut être votre famille, vos amis, un professeur… Demandez-leur **un retour** tant au plan du contenu que de la forme et de votre communication verbale et non verbale (proposez leur un petit tableau avec des critères précis). Faites les modifications nécessaires.

● **Enregistrez-vous**, sur vidéo ou audio : écoutez-vous, apprivoisez l'impression que vous vous faites à vous-même, apprenez à vous aimer, avec votre voix, votre physique ! Et travaillez votre posture (dos, jambes, etc.), vos respirations, votre débit de voix, votre diction et votre articulation : vous entend-on ? vous comprend-on ?

▶ Faites votre « gym de la parole » :

Notre parole est souvent purement centrée sur le contenu du message, or notre impact dépend surtout de la **forme** de ce message.

Cette phase de travail a pour but de vous donner les moyens, par l'entraînement, de **vivre votre présentation pleinement**, donc avec votre corps, pour mieux incarner vos propos.

▶ Exercice 2

● Mâchoire bien souple, visage détendu, prononcez de façon sonore et tonique les syllabes suivantes : « ba-ca-da-fa / ga-ja-la-ma / na-pa-ra-sa / ta-va-xa-za-cha », en respirant tous les 4 syllabes. Puis déclinez le même exercice avec l'ensemble des voyelles « e-é-i-o-ou-on » (ex. be-que-de-fe, etc…). Identifiez si certains sons sont trop « sourds », trop rentrés dans votre gorge. Pensez à les projeter de façon dynamique et sonore, comme des flèches que vous lancez vers une cible et qui la transpercent.

● Puis reproduisez cette démarche de projection du son, mais cette fois-ci avec un texte. Procédez phrase par phrase : là aussi, pensez que vos phrases sont comme une énergie qui doit atteindre un but : votre public.

▶ **Entraînez-vous en groupe :**

Créez un groupe d'entraide pour l'oral : cela décuplera l'efficacité de votre préparation, et vous créera de bons souvenirs et une vraie cohésion. Faites les exercices suivants tour à tour et profitez-en pour partager votre ressenti et vous aider les uns les autres, dans un esprit décontracté et bienveillant :

▶ **Exercice 3**

Affichez un texte en gros caractères sur le mur. Mémorisez la première phrase en regardant le texte, puis tournez-vous vers votre public, et prononcez-là à voix haute et nette, en visant une personne en particulier, bien dans les yeux.

▶ Si vous avez la possibilité de faire ce travail dans une grande salle de votre école (auditorium, salle de gym) : dites d'abord votre texte pour le premier rang, puis pour le deuxième, puis pour du public en fond ou en haut de salle : projetez votre voix comme pour atteindre et toucher ces personnes.

▶ Une fois rodé à cet exercice, travaillez un texte entier ou un poème, ou un article de journal qui vous plaît personnellement. Identifiez pourquoi il vous touche et ce que vous avez envie de partager auprès de votre public.

▶ Entraînez-vous aussi à dire vos textes sur tous les tons : gai, triste, en colère, mou, tendu... Et pourquoi pas : chantez-le, riez-le, slammez-le, dansez-le ! L'objectif : décomplexer pour dédramatiser et dépasser la pudeur qui va naturellement se présenter au départ. Cette pudeur, comme la peur, sont des éléments tout à fait normaux, présents chez tous les orateurs et artistes, et qu'il faut considérer comme des invités un peu inévitables, mais qu'on peut apprendre à gérer. Plus vous roderez ces exercices, mieux vous saurez canaliser, voire utiliser vertueusement, ces émotions un peu désagréables.

▶ **Gérer vos émotions par la respiration :**

La **cohérence cardiaque** est une pratique de respiration toute simple, rapide et facile à mettre en place au quotidien, qui permet de **réguler toute une partie de notre système nerveux** et de nos réactions émotionnelles face au stress. Pratiquée régulièrement, elle a un impact sur le sommeil et sur notre capacité à appréhender et ressentir les situations avec un réel recul.

▶ **Exercice 4**

Trois fois par jour, pendant 5 minutes, respirez au rythme de 5 secondes d'inspirations puis 5 secondes d'expiration. Prenez le temps de vous habituer à ce rythme peut-être nouveau pour vous. Aidez-vous des nombreuses applications gratuites existant pour smartphones et des audios disponibles sur YouTube.

Attention : c'est la pratique régulière pendant plusieurs semaines minimum qui fera la différence.

▶ Vous voir en train de réussir : la visualisation

▶ **Exercice 5**

- Seul, installez-vous confortablement sur votre lit, fauteuil ou canapé préféré, dans une ambiance calme, et fermez les yeux. Prenez soin de jouer le jeu pour cet exercice qui demande une certaine confiance. Respirez calmement.
- Imaginez-vous le jour de l'oral. Vous vous sentez extrêmement bien, serein, confiant, souriant. Faites défiler **le déroulement de l'oral** comme si vous le voyiez dans votre « cinéma intérieur ». Associez, aux images que vous projetez, un **ressenti positif**, confortable, très important pour ancrer en vous physiquement **la confiance dans votre capacité à réussir**. Voyez-vous échanger dans un climat bienveillant avec un jury positif et intéressé. Poursuivez l'exercice jusqu'à votre sortie de la salle d'examen, satisfait et confiant.

Si vous identifiez quelque chose qui vous gêne (peur du regard du jury, gêne physique...) : faites d'abord, mentalement, un pas en arrière et regardez passer vos pensées, comme si vous observiez la circulation sur une route très fréquentée, ou des nuages dans le ciel, qui passent...

Vous développez ainsi votre capacité à devenir **observateur** de vos pensées et non plus victime de leur potentialité négative : ce ne sont que vos pensées, et ***vous n'êtes pas*** vos pensées.

Ces images et pensées peuvent représenter vos peurs, mais aussi des **thèmes de travail réels**, sur lesquels vous aurez intérêt à renforcer votre préparation (« je n'arrive pas à regarder le jury dans les yeux », « je tremble », « j'oublie mon exemple »). Après l'exercice, notez les images troublantes qui sont apparues, pour faire le point dans un second temps, et les traiter.

▶ **Exercice 6**

● Imaginez-vous maintenant le soir de l'oral : vous êtes en pleine forme, tout est comme vous le rêviez ! Vous vous sentez bien... La situation est idéale ! Prenez le temps de ressentir, là aussi, un grand bien-être.

● Puis posez-vous les questions suivantes : pour en arriver à un tel état de confort et de ressenti positif, quelles ont été **les étapes qui ont précédé ce moment** ? Qu'avez-vous fait, ou dit de particulier pendant l'oral pour mener à ce résultat ? Qu'avez-vous fait avant l'oral ? Visualisez les étapes concrètes.

En faisant cet exercice, vous allez naturellement formuler des **conditions de réussite** qui sont importantes pour vous, par exemple « j'ai été souriant », « je ne me suis pas laissé déstabiliser par la question piège du professeur », « j'étais tellement dans mon sujet que j'ai été très convaincant », etc. Et concernant les étapes précédentes, vous vous direz peut-être « j'avais finalisé mon sujet 2 mois avant, puis j'ai organisé 4 sessions de répétitions en public en famille », etc.

Enfin, définissez ce que vous pouvez mettre en place concrètement dans les mois de préparation qu'il vous reste, pour remplir ces conditions que vous avez identifiées comme étant les clés de votre réussite.

POUR ALLER PLUS LOIN

Autohypnose sur YouTube, visualisations créatrices...

▶ **Faites-vous aider par des spécialistes :**

Si le stress est particulièrement difficile à gérer pour vous, ou que vous avez des **difficultés spécifiques** pour cet exercice (par exemple des soucis d'élocution) une autre possibilité est de faire appel à des professionnels formés à l'accompagnement dans ce domaine : orthophonie, sophrologie, EMDR, psychologie...

▶ **Choisissez des loisirs qui vous feront progresser à l'oral :**

Fréquenter un cours de théâtre, d'improvisation, de chant, ou d'éloquence, peut vous permettre de prendre confiance en vous, **physiquement** et **vocalement**. Vous pourrez y acquérir de nombreuses techniques et astuces de gestion des émotions et de la respiration mais aussi de conscience de soi et de son corps, thèmes auxquels ces métiers sont fortement confrontés.

S'ORIENTER

INFOS PRATIQUES

LES DATES-CLÉS DE L'ORIENTATION

	1ER TRIMESTRE	2E TRIMESTRE
2de	**Septembre :** tests de positionnement **Novembre :** 1re semaine de l'orientation	**Janvier :** liste des enseignements de spécialités disponibles dans les lycées **Février :** souhaits des enseignements de spécialités, 2e semaine de l'orientation
1re	**Novembre :** 1re semaine de l'orientation	**Février :** 2e semaine de l'orientation Choix provisoire de l'enseignement de spécialité abandonné
Tle	**Novembre :** 1re semaine de l'orientation	**Janvier à mars :** formulation des vœux sur la plateforme Parcoursup **Février :** 2e semaine de l'orientation **Mars :** examen des vœux Parcoursup au conseil de classe

3E TRIMESTRE
Juin : choix des 3 enseignements de spécialités
Juin : choix définitif de l'enseignement de spécialité abandonné
Mai à juillet : réponses aux vœux formulés sur Parcoursup

LE CONSEIL DU COACH D'ORIENTATION

Plus vous serez actifs dans la démarche, plus vous vous sentirez en maîtrise de votre destin, et serein. L'évitement augmente le stress, l'action le diminue !

ADOPTER LA BONNE DÉMARCHE

Si, pour certains, les choix d'études et de métiers semblent évidents, pour d'autres, s'interroger sur soi et son projet peut s'avérer déroutant. Dans tous les cas, il faut adopter une démarche structurée et par étapes.

SE DONNER LE TEMPS

- **Prendre le temps de réfléchir limite le risque de devoir prendre des décisions dans le stress**, en étant mal informé ou par défaut.
- Avec **un projet réfléchi, construit, réaliste et motivan**t, vous serez plus convaincant et optimiserez vos chances auprès des établissements qui vous intéressent.
- En entrant en seconde, vous pouvez avoir l'impression qu'il est très tôt pour se poser toutes ces questions ! Gardez à l'esprit qu'**il est complètement normal de ne pas avoir toutes les réponses à 15 ans.**
- **Lancer le processus de réflexion** et identifier des domaines dans les grandes lignes est déjà un grand pas. Apprendre à rentrer dans une démarche de réflexion sur soi est **bénéfique dans la durée.**
- Même si les choix de spécialité en seconde vous engagent et que vous ne pouvez pas les prendre à la légère, **vous avez en réalité deux ans pour mûrir votre réflexion et ajuster ces choix avant le bac.**

LE COIN DES PARENTS

• **Le stress que génère l'orientation peut amener chez votre enfant des comportements très variables** : de celui qui multiplie les projets dans des domaines irréalistes ou qui fantasme en décalage avec ses résultats… à celui qui se replie dans une attitude apparemment passive ou encore qui refuse tout échange sur le sujet avec vous.

• **Apprenez à décoder les peurs et les besoins** qui se cachent derrière son attitude et à vous positionner en tant que guide qui comprend et rassure.

BIEN SE CONNAÎTRE ET SE DOCUMENTER

- Même si vos notes et vos professeurs ont souvent parlé pour vous, **développer votre propre projet d'orientation doit d'abord se faire à partir de votre personnalité, vos valeurs et vos véritables désirs.**
- **Intégrez les réalités de votre situation scolaire et personnelle**, afin de viser des choix réalistes. Si vous avez un bulletin catastrophique en maths, inutile de rêver d'une prépa ingénieur. Si vous devez rapidement gagner votre vie ou détestez les cours théoriques, privilégiez des filières courtes...
- **Documentez-vous le plus tôt possible** sur le panorama des études et métiers, en utilisant toutes les ressources disponibles : réseaux professionnels, forums, enquêtes, portes ouvertes, Internet... puis affinez vos informations sur le site de Parcoursup, qui vous indique pour chaque formation les contenus et les prérequis précis.
- **Se documenter demande beaucoup de temps**, ne vous y prenez pas au moment de cliquer sur « confirmer mon vœu » !

FAIRE SES CHOIX EN COHÉRENCE

- Rassemblez tous les éléments collectés, sur vous-même et sur les filières et métiers, et **prenez le temps de chercher la cohérence entre vous et votre projet** : élaborez une vision de votre projet à long terme, imaginez plusieurs scenarios du plus prudent au plus audacieux...
- Ainsi vous arriverez sur la plateforme Parcoursup en vous sentant en phase avec des **vœux réalistes**, qui auront plus de chances d'être acceptés.

LE COIN DES PARENTS

Comment aider votre ado ?

1. N'ayez pas peur de ce qui peut émerger de la démarche d'orientation que nous vous proposons ici. Cette étape d'appropriation par le jeune de ce qu'il est et de ce qu'il veut est fondamentale. Elle lui permet de prendre confiance en lui, de clarifier ses désirs, mais aussi d'apprendre à réfléchir sur soi, analyser des informations multiples, prioriser ses choix, construire activement un projet personnel, développer un réseau… **C'est donc une démarche qui peut jouer un rôle positif pour toute la suite de son parcours de vie en rodant des compétences essentielles.**

2. Le stress de l'orientation, le besoin de sécurité, le contexte ambiant parfois pessimiste, peuvent rendre difficile pour vous d'écouter et d'accueillir certaines motivations de votre enfant. Or notre efficacité professionnelle est en grande partie liée à nos motivations, et pas seulement à nos compétences, à nos bulletins scolaires ou même à nos aptitudes personnelles… **En aidant votre enfant à cerner les domaines d'études, les métiers et les environnements qui le motivent réellement, vous optimisez ses chances d'être épanoui et performant.** De même, de nombreuses compétences comportementales hautement recherchées dans le milieu professionnel, ne sont pas vraiment valorisées dans l'environnement scolaire : **votre enfant peut se révéler dans ses études supérieures, puis dans son métier !**

3. Ayez soin de ne pas le brider trop tôt, ou d'intervenir de façon inopportune. Soyez à l'écoute de ce qui en ressort. Si vous souhaitez interroger certains points, faites-le sous forme d'échange plus que de jugement. Par exemple : Qu'est-ce que tu aimes dans tel métier ? Qu'est ce qui te fait peur dans telle perspective ?

4. Vous allez jouer un rôle important d'accompagnement dans les étapes qui consistent à valider la faisabilité des projets. Par exemple : Quelles alternatives as-tu en tête pour le cas ou tel projet / telle candidature ne fonctionnerait pas ? En revanche la majeure partie de la « boussole » (▶ Le carnet d'orientation p. 97) doit rester à la main de votre jeune, puisqu'il s'agit de lui et ceci même si vous pensez que certains aspects évolueront avec la maturité, au cours de son expérience et de ses études elles-mêmes.

5. Pourquoi ne pas essayer sur vous d'ailleurs ? À quoi ressemblerait votre boussole ? Comment vous êtes-vous orienté ? Qu'est-ce qui vous rend heureux ? Avez-vous des regrets ? Qu'auriez-vous aimé faire / entendre / bénéficier à l'époque ? Comment pouvez-vous intégrer cela dans l'accompagnement de votre enfant ? **Faire le point sur votre histoire personnelle peut vous aider à être plus à même d'aider votre ado.**

UTILISER UN CARNET D'ORIENTATION

- Pour **structurer vos recherches de la seconde à la terminale et construire votre plan d'action**, utilisez **le carnet d'orientation** (▶ p. 97). Il vous sera très utile dans les phases de recueil d'informations, d'analyse, puis de synthèse de votre démarche d'orientation. En fin de carnet, la « **boussole** » – qui résume votre profil – vous servira de **point d'ancrage solide** pour vous positionner en acteur de votre orientation et aborder Parcoursup en ayant conscience de qui vous êtes et de ce que vous voulez.
- **Utilisez ce carnet** à chaque étape de l'ouvrage et remplissez-le plutôt au crayon pour pouvoir faire des modifications au fur et à mesure de votre maturation qui va se faire progressivement.

LE CONSEIL DU COACH D'ORIENTATION

Pour aller plus loin, vous pouvez vous offrir votre propre carnet, ou utiliser un fichier Word ou Excel. Vous pourrez y consigner toutes vos recherches et réflexions depuis les informations collectées sur le net jusqu'à vos rêves les plus fous, en passant par vos doutes et vos peurs.

POUR RÉSUMER

1 **APPRENDRE** À SE **CONNAÎTRE**

2 **S'INFORMER** ET **PRÉCISER** SON **PROJET**

3 **STRUCTURER** VOS **RECHERCHES**

SE CONNAÎTRE POUR MIEUX S'ORIENTER

Parler de soi, s'accorder du temps pour réfléchir sur soi n'est pas évident au premier abord : la pudeur ou le manque de confiance en soi, l'éducation reçue, les échecs éventuels, ou tout simplement la nouveauté de cette pratique, peuvent mettre mal à l'aise pour franchir cette étape. Rassurez-vous, il existe des outils pour vous aider.

LES OUTILS DE CONNAISSANCE DE SOI

- De **nombreux outils** se développent aujourd'hui sur Internet – certains payants, d'autres gratuits, certains fiables, d'autres moins. En France, des **questionnaires d'investigation des intérêts professionnels**, validés scientifiquement et reconnus, sont le STRONG (OPP), l'HEXA3D et l'IRMR (ECPA).
- Si vous faites appel à un **professionnel** de l'orientation, **sachez que chacun possède ses outils de prédilection** : à vous de trouver ce qui vous convient le mieux. Il doit pouvoir vous fournir un retour pertinent, confidentiel et détaillé, qui **accompagne votre réflexion, plutôt que de vous livrer un résultat définitif**.

VOTRE ENTOURAGE... ET VOUS !

- **Entourez-vous de personnes positives, bienveillantes et réalistes** : votre famille, les parents de vos amis, vos meilleurs amis... Profitez de leur regard, mais préservez votre discernement ! Pourquoi ne pas créer un groupe d'entraide entre amis pour vous soutenir dans cette démarche ?

LE CONSEIL DU COACH D'ORIENTATION

Se connaître, s'évaluer, parler de soi... c'est comme un muscle : ça s'entraîne ! Ne vous découragez pas si vous avez du mal au début : faites-vous aider.

- **Ayez confiance dans votre propre capacité à vous connaître** : parfois, l'environnement extérieur permet simplement de valider ou de confirmer votre ressenti ou votre intuition.
- **Vous définir par vous-même peut être plus constructif que de vous laisser définir par les autres** et cela renforce votre confiance en vous.

CONNAÎTRE SA PERSONNALITÉ

LE CONSEIL DU COACH D'ORIENTATION

Ne vous laissez pas enfermer par les qualificatifs parfois négatifs : « il est flemmard », « elle est maladroite » ...

- **Exercice 1**

D'abord seul puis auprès de votre entourage (amis, famille, professeurs) demandez-vous : Comment vous décririez-vous ? Quels sont vos points forts ? Vos points d'amélioration ?

- **Exercice 2**

Prenez des magazines, découpez-y ce qui vous inspire (mots, images...) pour faire **votre portrait**. Collez le tout sur une feuille A3 autour d'une photo de vous qui vous plaît. Affichez-la chez vous... et soyez-en fier ! Inspirez-vous, si besoin, en piochant parmi les adjectifs suivants.

Reportez vos conclusions dans votre carnet d'orientation (▸ Ma personnalité, p. 98).

CONNAÎTRE SES VALEURS, SES MOTIVATIONS ET SES INTÉRÊTS

LE CONSEIL DU COACH D'ORIENTATION

N'oubliez pas de prendre en compte vos **activités extra-scolaires** : elles peuvent comporter des informations précieuses. Par exemple, on peut être timide en classe mais s'avérer être très à l'aise sur scène au concert de fin d'année… On peut s'ennuyer ferme en cours mais adorer bouger et s'occuper d'animaux le week-end !

▶ **Exercice 1**

Interrogez-vous en repensant à votre parcours et votre vie depuis l'enfance :

Qu'est-ce qui vous a marqué (en positif ou en négatif) ? Quels sont les moments de grand plaisir ou vos meilleurs souvenirs, et pourquoi ? Quels sont les domaines qui vous intéressent en général ? Quels sont les gens avec qui vous aimez discuter ? Quels sont les sujets qui vous font vibrer, vous émeuvent ou vous passionnent ? etc.

▶ **Exercice 2**

Prenez une pile de magazines et faites une affiche, ou dessinez, peignez, écrivez une chanson… le thème étant : « les éléments de ma vie idéale » ou « ce que je ferais de ma vie si j'avais une baguette magique ».

▶ **Exercice 3**

Parmi cette liste, quelles sont les valeurs essentielles auxquelles vous êtes attaché ?

BON À SAVOIR

Une **valeur** correspond à ce que l'on estime essentiel, bien d'un point de vue moral, et qui nous donne un idéal général, une finalité à atteindre.

▶ Exercice 4

Quels sont les verbes qui vous font rêver ou qui concrètement décrivent ce que vous préférez faire, là où vous vous sentez le plus « vivant » ?

Voyager Écouter Penser
Lire Courir
Regarder Utiliser
Être
Gagner Faire Vendre
Aider Bouger
Savoir
Avoir Parler Trouver Réussir

BON À SAVOIR

Un **intérêt** est une préférence pour des activités et leur contexte de réalisation.

Une **motivation** est ce qui nous met en mouvement.

Les intérêts et les valeurs sont deux composantes de la motivation.

▶ Exercice 5

Quel type d'ambitions avez-vous envie de vous fixer ?

Quels efforts avez-vous envie d'engager pour atteindre vos objectifs ?

Quelle place avez-vous envie de donner à vos études et à votre profession, dans votre projet de vie ?

Prenez le temps de vous projeter dans ces sujets fondamentaux pour lesquels vous n'avez sans doute pas encore de réponse définitive, mais certainement déjà quelques intuitions...

Comment imaginez-vous votre vie professionnelle dans dix ans ?

LE COIN DES PARENTS

Vous pouvez tenter l'expérience et faire vous-même tous ces exercices... Puis, pourquoi pas partager les résultats en famille comme support d'échange entre vous ?

▶ Exercice 6

Visualisez-vous à la fin de votre vie, entouré de ceux qui comptent et qui vous aiment : qu'avez-vous envie de leur transmettre ? Qu'êtes-vous heureux d'avoir réussi ? Que voulez-vous ne pas regretter ?

Reportez vos conclusions dans votre carnet d'orientation **(▶ Mes valeurs, mes motivations, mes intérêts, p. 102).**

QUIZ

MES DOMAINES D'INTÉRÊT

Ce petit quiz vous donnera un aperçu de la façon dont un inventaire d'intérêts professionnels peut vous aider à réfléchir à vos motivations.

Parmi les affirmations suivantes, cochez celles dans lesquelles vous vous reconnaissez.

- ❑ J'aime réfléchir, analyser le pourquoi du comment.
- ❑ J'aime écouter et comprendre les autres.
- ❑ J'aime m'exprimer pour convaincre.
- ❑ J'aime contempler, ressentir, m'émouvoir.
- ❑ J'aime les conventions et le cadre.
- ❑ J'aime la compétition et gagner.
- ❑ J'aime bricoler, réparer, construire.
- ❑ J'aime les environnements organisés et fiables.
- ❑ J'aime faire des projets en groupe.
- ❑ J'aime les environnements souples et flexibles.
- ❑ J'aime les consignes nettes et précises.
- ❑ J'aime trouver des liens logiques et avoir du sens critique.
- ❑ J'aime rêver, imaginer.
- ❑ J'aime étudier, observer, découvrir et apprendre.
- ❑ J'aime la solidarité et la générosité.
- ❑ J'aime la régularité et la clarté.
- ❑ J'aime prendre des risques et avoir des responsabilités.
- ❑ J'aime faire plaisir et m'adapter aux autres.
- ❑ J'aime m'occuper d'objets ou d'animaux.
- ❑ J'aime négocier et argumenter.
- ❑ J'aime mener des recherches.
- ❑ J'aime faire des activités dehors.
- ❑ J'aime utiliser mes impressions et intuitions.
- ❑ J'aime résoudre des problèmes abstraits.
- ❑ J'aime échanger et aider.
- ❑ J'aime motiver et diriger les autres.

- ☐ J'aime faire fonctionner des machines.
- ☐ J'aime classer, trier, organiser.
- ☐ J'aime la créativité et l'originalité.
- ☐ J'aime bouger et agir.

Résultats du QUIZ

▶ **Une couleur a été choisie pour chaque domaine de motivation.** Comptez le nombre d'affirmations que vous avez cochées par couleur. Si au moins 3 sont d'une même couleur, il y a des chances que ce thème vous intéresse.

- ▶ J'ai coché .... cases rouges.
- ▶ J'ai coché .... cases bleues.
- ▶ J'ai coché .... cases vertes.
- ▶ J'ai coché .... cases roses.
- ▶ J'ai coché .... cases orange.
- ▶ J'ai coché .... cases violettes.

▶ Les **Réalistes** aiment travailler à l'extérieur, avoir des activités physiques ou en lien avec des machines ou animaux. Ils apprécient les environnements concrets et stables.

▶ Les **Investigateurs** aiment observer analyser et réfléchir. Ils apprécient les environnements flexibles, axés sur les projets et non les délais.

▶ Les **Artistiques** aiment ressentir et exprimer leur sens esthétique, leur sensibilité, leur imagination. Ils apprécient les environnements changeants et valorisent l'originalité.

▶ Les **Sociaux** aiment être utiles, aider et soutenir les autres. Ils apprécient les environnements chaleureux et le travail en équipe.

▶ Les **Conventionnels** aiment organiser, classer, optimiser des données, selon des instructions spécifiques. Ils apprécient les environnements structurés et prévisibles.

▶ Les **Entreprenants** aiment convaincre, prendre des risques et en tirer un profit économique ou social. Ils apprécient les environnements compétitifs, hiérarchisés, rapides.

BON À SAVOIR

Ce quiz est une brève introduction au modèle RIASEC, basé sur la typologie de Holland, référence mondiale en matière d'orientation.
En France, plusieurs inventaires d'intérêts professionnels sont construits à partir de cette typologie, dont le STRONG (OPP), l'RMR ou encore l'HEXA3D (ECPA).

IDENTIFIER SES COMPÉTENCES

▶ **Identifier ses points forts et ses limites en matière de résultats scolaires** est une nécessité pour appréhender son orientation. Cependant, **ne croyez pas que tout est perdu si vos résultats scolaires s'avèrent moyens.**

▶ Sachez prendre du recul, vous faire confiance, et **faire la différence entre votre valeur personnelle et la valeur des notes dans un système académique**, qui plus est particulièrement sélectif dans notre pays.

▶ Vous avez certainement toutes sortes de compétences autres que scolaires, que vous avez peut-être identifiées dans le paragraphe *Bien se connaître*, qu'on appelle « **compétences comportementales** », et qui seront très recherchées dans le monde professionnel : énergie, esprit d'équipe, adaptabilité, leadership, communication…

▶ Enfin **vos résultats sont pour partie liés à votre motivation** : or au lycée, beaucoup de jeunes sont démotivés parce qu'ils n'arrivent pas à faire de lien entre les matières étudiées, obligatoires, et leurs centres d'intérêts, encore moins leur projet d'avenir : mais les résultats peuvent décoller une fois qu'on a trouvé sa voie, ou changé de système d'études.

▶ **Exercice**

Réunissez vos bulletins et appréciations des professeurs depuis la 6e (oui !) et prenez le temps de réfléchir à toutes ces années : ce qui a fait que **vos résultats ont évolué** de telle façon (en fonction des profs, des sujets, des aléas de votre vie…).

Faites le point : quelles sont vos matières fortes ? Celles que vous aimez ? Quelles sont les matières difficiles pour vous ? Celles que vous travaillez par obligation ? Pourquoi ?

Reportez les conclusions de cette étape dans votre carnet d'orientation (▶ Mes compétences scolaires et extra-scolaires, p. 106).

LE CONSEIL DU COACH D'ORIENTATION

Ne vous laissez pas décourager par les propos négatifs tels que « il est nul en maths », « elle ne pourra jamais faire une prépa… ». Ne vous fermez pas de portes : renseignez-vous et cherchez comment vous améliorer ! Mais ne fantasmez pas pour autant sur des projets irréalistes : **pensez à des scénarios alternatifs**.

PRENDRE EN COMPTE SES CONTRAINTES ET SES RÉALITÉS

- Il est important de ne pas se fermer de portes au départ au prétexte de certaines limites réelles ou supposées : **en analysant les ingrédients qui vous motivent dans un domaine** a priori fermé pour vous, **au lieu de vous censurer dès le départ**, vous aurez entre-temps découvert **d'autres univers en lien avec votre passion** qui vous permettront de la nourrir autrement.
- En revanche, au moment de la recherche de filières, **il faut prendre en compte avec réalisme vos contraintes éventuelles** : vous pourrez ainsi être en mesure de prendre des décisions lucides, ou encore sur un plan pratique, d'anticiper des demandes de type bourse d'étude, aménagements spécifiques, etc.

LE COIN DES PARENTS

Ayez soin de ne pas brider le choix d'orientation de votre enfant ou d'intervenir de façon inopportune. Soyez à l'écoute de ce qui en ressort. Si vous souhaitez interroger certains points, faites-le sous forme d'échange. Vous allez pouvoir jouer un rôle important d'accompagnement dans les étapes qui consistent à valider la faisabilité des projets de votre enfant.

Reportez les conclusions de cette étape dans votre carnet d'orientation (▶ Mes contraintes et réalités, p. 120).

POUR RÉSUMER

SE DOCUMENTER POUR MIEUX S'ORIENTER

Lorsque vient le moment de s'orienter, on peut avoir tendance à se sentir perdu et isolé malgré – ou à cause de – la multitude d'informations, sans avoir toujours les clés pour les trier, et se faire un avis. Rassurez-vous, il existe des outils et ressources à disposition pour vous aider dans votre choix.

RENCONTRER LES PROFESSIONNELS DE L'ORIENTATION

ATTENTION

Surveillez bien les dates des salons et des portes ouvertes, qui s'étalent d'octobre à février.

- Tirez le meilleur parti des **54 h d'orientation** et notamment des semaines de l'orientation.
- **Au sein de votre établissement** : renseignez-vous sur la documentation et les informateurs disponibles ; allez voir votre **CIO** (Centre d'information et d'orientation).
- **Les missions locales** : ce sont des structures associatives présentes dans votre académie pour vous accompagner de 16 à 25 ans.
- **Les cabinets d'orientation** privés : il y en a de toutes sortes et leurs tarifs sont très variables. Pour ce travail de confiance, prenez en compte leur réputation mais aussi votre ressenti personnel.
- Les **organismes officiels** dédiés tels que l'ONISEP ou le CIDJ mais aussi des **sites Internet** comme letudiant.fr, comportent des fiches actualisées, des vidéos, des tutoriels pour vous donner un premier point de vue sur les filières, diplômes, passerelles, débouchés, puis cibler les établissements.
- Les **salons** vous permettent d'échanger avec des professionnels, enseignants et élèves, d'assister à des animations, conférences,

ateliers et témoignages... Ils sont très utiles pour vérifier vos informations collectées sur Internet, découvrir des spécificités dans votre région, ou des filières dont vous n'aviez pas idée, rencontrer des entreprises pour une alternance, échanger avec des professionnels de l'orientation...

- **Les portes ouvertes des écoles** permettent de vous faire une impression et un avis *in situ* et d'échanger avec les professeurs et élèves.

> **LE CONSEIL DU COACH D'ORIENTATION**
>
> Soyez attentif à votre ressenti : vous vibrez dans telle école, vous stressez sur tel forum ? Identifiez ce qui vous attire ou vous freine : ces éléments sont des indicateurs intéressants.

- **Les enquêtes de terrain** : interroger des professionnels est l'occasion de cerner concrètement les enjeux du métier de vos rêves, tout en rodant votre sens du réseau et votre aisance relationnelle en situation inconnue !

CONNAÎTRE LES FILIÈRES

- **Une filière est un type d'études supérieures, avec un parcours, une organisation (durée, type d'encadrement, coût) et des niveaux de diplômes spécifiques** : université, classe préparatoire aux grandes écoles, PACES, BTS, DUT... Ces filières peuvent vous permettre d'accéder aux métiers qui vous intéressent, selon des modalités, et avec des types de débouchés différents. Des passerelles se développent progressivement entre les filières. (▶ Schéma des filières, p. 84).

CONNAÎTRE LES MÉTIERS

- **Étape 1 : adoptez une démarche documentaire.** Visionnez des vidéos sur les métiers, les secteurs, les filières, les pratiques dans différents pays, ou encore telle entreprise qui vous attire en particulier. Lisez des descriptifs de postes, des enquêtes sur les débouchés, renseignez-vous sur les secteurs qui recrutent, les métiers de demain...

> **BON À SAVOIR**
>
> Les trois quarts des métiers de demain n'existent pas encore et les trois quarts des métiers actuels n'existeront plus en 2050. Restez ouvert !

- **Étape 2 : faites une enquête de terrain dans les principaux domaines que vous avez ciblés.** Rencontrez des professionnels qui vous parleront de leur vécu dans des termes vivants et concrets.

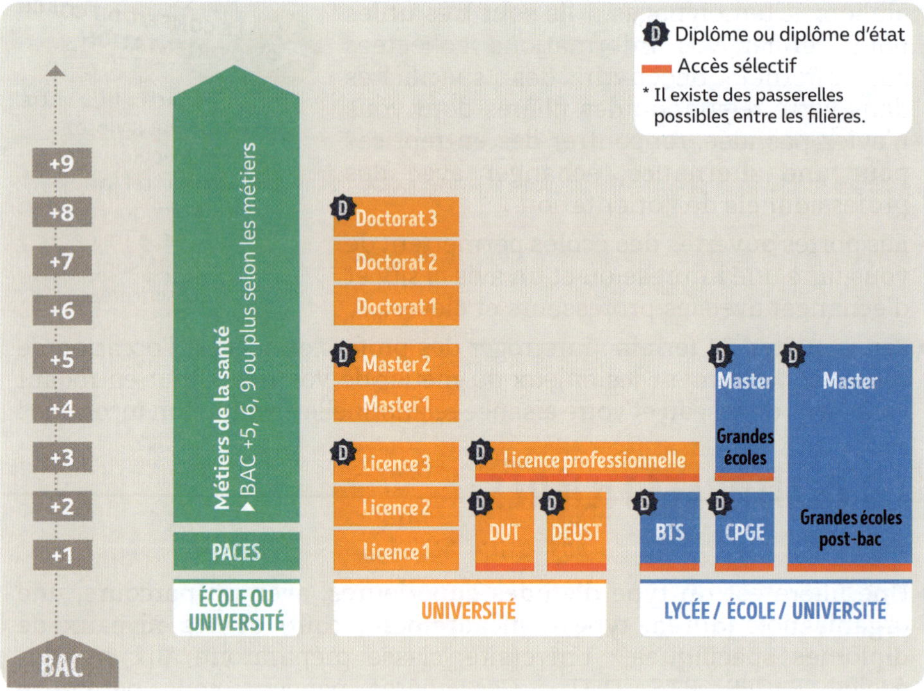

▶ Téléchargez le PDF complet des filières, en flashant la couverture de l'ouvrage avec Nathan Live.

RÉALISER DES ENQUÊTES DE TERRAIN

- **Dressez une liste des personnes à rencontrer.** Choisissez vos contacts de façon à avoir une approche et des points de vue variés.
- **Utilisez votre réseau** et celui de vos proches – souvent beaucoup plus large que ce que vous pensez !
- **Préparez une liste de questions** : comment êtes-vous parvenu dans votre métier ? Que faites-vous au quotidien ? etc.

LE CONSEIL DU COACH D'ORIENTATION

Il est essentiel d'aborder les métiers de façon suffisamment concrète, pour vous assurer qu'un univers vous attire bel et bien, et confronter votre projet à la réalité.

- N'oubliez pas de **prendre des notes** pour garder en mémoire les éléments recueillis.
- Après l'entretien, prenez le temps pour **faire le point** : vous pouvez utiliser une carte mentale pour illustrer le métier étudié, enrichir votre recherche avec Internet, etc.
- Après l'entretien, **n'oubliez pas de remercier votre interlocuteur et de le tenir au courant !** C'est la base de la politesse, mais aussi un élément clé pour vous constituer un réseau qui peut être utile pour la suite de votre parcours.

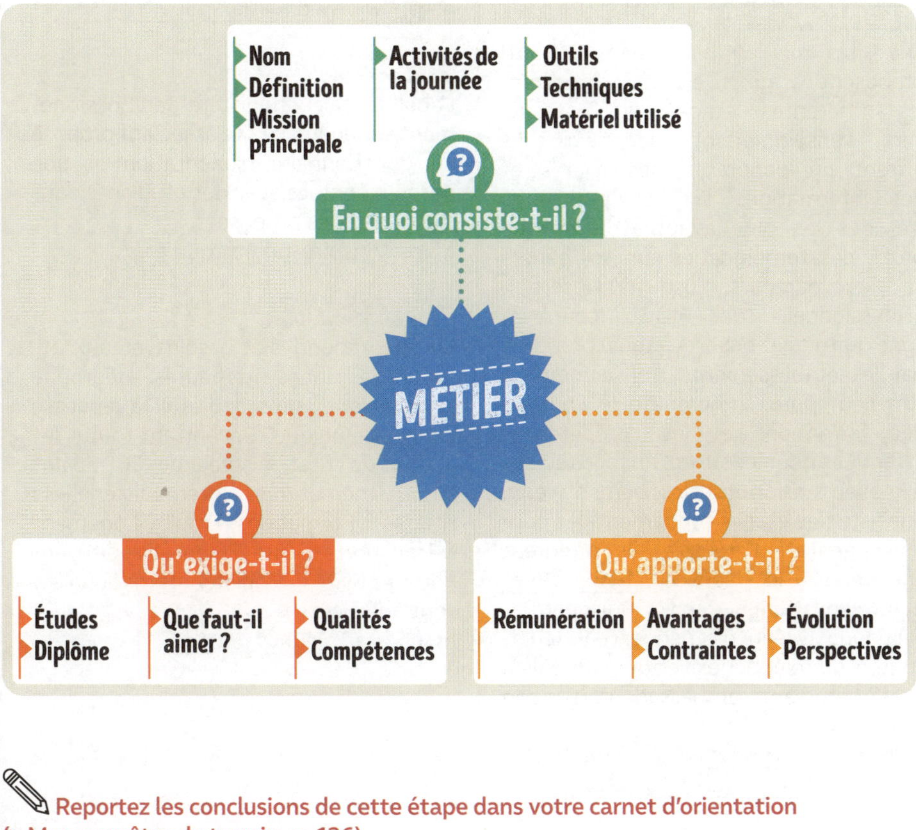

Reportez les conclusions de cette étape dans votre carnet d'orientation (▶ Mes enquêtes de terrain, p. 126).

LA SITOTHÈQUE

ONISEP

L'Office national d'information sur les enseignements et les professions (ONISEP) est un établissement public sous tutelle du ministère de l'Éducation nationale qui remplit un service public d'information sur les formations et métiers et développe de multiples partenariats avec les acteurs du monde professionnel.
http://www.onisep.fr/

SECONDES 2019-2020

TERMINALES 2019-2020

Ces sites mis en place par l'ONISEP proposent aux élèves d'explorer les différentes étapes du parcours vers l'enseignement supérieur. Ils offrent un panorama des filières et des informations sur les poursuites d'études les plus adaptées à chaque profil, des témoignages sur les métiers et les parcours jusqu'à l'insertion professionnelle, des MOOC (cours en ligne gratuits et ouverts à tous) proposés par les établissements d'enseignement supérieur pour comprendre le contenu des formations et les compétences attendues pour les suivre, un focus sur les filières en tension et sur les filières d'avenir, une liste des étapes fondamentales pour une orientation réussie. ils intègrent également le service http://www.monorientationenligne.fr qui permet à chaque lycéen d'échanger par tchat, courriel ou téléphone avec des conseillers et des étudiants ambassadeurs sur son projet d'avenir.
http:/www.secondes2019-2020.fr/
http://www.terminales2019-2020.fr/

L'ÉTUDIANT ET STUDYRAMA

Ces sites sont spécialisés dans l'orientation, la formation et la réussite des études : salons étudiants, fiches métiers, annuaires d'établissements, annonces...
https://www.letudiant.fr/
https://www.studyrama.com/

EDUCATION GOUV

Ce site officiel de l'Éducation nationale héberge beaucoup de ressources utiles, notamment dans l'onglet « orientation au lycée ».
http://www.education.gouv.fr/

INSPIRE

Labellisé par le ministère de l'Enseignement supérieur, ce site associatif propose un questionnaire d'orientation et une mise en contact avec des étudiants dans les formations proposées.
https://inspire-orientation.org/

JEUNES GOUV

Ce site répond aux besoins et aux attentes des jeunes internautes. Il regroupe les différents sites dédiés à la jeunesse en un site unique concentrant toutes les actions de l'État en faveur des 16 - 25 ans sur 7 thématiques interministérielles : Études & Formations, Emploi, Logement & Transports, Santé & Bien-être, Citoyenneté, Activités, Mobilité internationale y sont abordées.
http://www.jeunes.gouv.fr/

IMAGINE TON FUTUR

Vous trouverez sur ce site plus de 600 fiches métiers, des tests d'orientation gratuits, des infos pratiques sur les diplômes et les filières de formations, des témoignages de pros, de chefs d'entreprises, d'étudiants, d'apprentis, des conseils d'orientation personnalisés pour trouver le métier et la formation qui vous conviennent, des conseils pour trouver votre stage…
http://www.imaginetonfutur.com/

HORIZONS 2021

Onisep a ouvert un site spécifique intitulé « Horizons 2021 » qui permet aux élèves de mieux connaître le contenu des différents enseignements de spécialité et de découvrir les horizons proposés par chaque enseignement ou découlant de leurs combinaisons.
http://www.horizons2021.fr

Sans oublier : http://www.quandjepasselebac.education.fr, https://www.orientation.com/ et les vidéos du site https://www.oriane.info/, ou de https://education.francetv.fr/.

POUR RÉSUMER

FAIRE SES CHOIX AVEC COHÉRENCE

Vous avez passé du temps à réfléchir sur vous, vos motivations, vos valeurs, vos centres d'intérêts, vos compétences scolaires, vos contraintes et réalités. Il est temps de rassembler tous ces éléments pour faire vos choix.

FAIRE LE POINT ET COMPLÉTER SA BOUSSOLE

- **Dans votre carnet d'orientation**, à la page « ma boussole », **faites la synthèse des conclusions de chacune des étapes de votre démarche** (personnalité, valeurs, compétences, enquêtes, etc.).
- **L'objectif ? Avoir en un seul coup d'œil, une vision simple et claire de vous-même** : « qui je suis, ce que je veux, vers où je vais et comment ».
- **Cette boussole vous représente, elle vous est fidèle.** Elle vous permet de trouver votre cohérence, votre axe individuel et unique, de vous sentir plus armé pour aborder la phase Parcoursup de façon active et choisie.
- Elle vous permettra aussi de **parler de vous de façon efficace et convaincante que ce soit sur Parcoursup (CV, lettre de motivation) ou lors d'entretiens ultérieurs**.

LE CONSEIL DU COACH D'ORIENTATION

Votre boussole doit vous tenir à cœur, vous ressembler ; prenez le temps de la mûrir, d'y revenir, modifiez-la si besoin.
Faites-la sous forme de carte mentale si vous préférez.

Reportez les conclusions de cette étape dans votre cahier d'orientation (▶ Ma boussole, p. 131). Vous trouverez une « boussole » pour chaque année de lycée.

ÉLABORER PLUSIEURS SCÉNARIOS ET VARIER LES APPROCHES

▶ N'hésitez pas à **envisager plusieurs projets**, quitte à aller du plus sécurisant et réaliste au plus audacieux, ou bien de classer vos projets en fonction des critères que vous avez identifiés lors de votre démarche de recherche : le moment venu, cela vous permettra de ne pas vous retrouver dans une situation délicate en cas de refus dans vos établissements de prédilection.

LE CONSEIL DU COACH D'ORIENTATION

N'oubliez pas que tout ce travail réalisé est comme une première brique de votre édifice, dans votre projet de vie. Tout au long de votre vie professionnelle et personnelle, vous n'allez cesser d'être acteur de votre développement et de votre évolution.

ÊTRE PRÊT AVANT PARCOURSUP !

▶ Bravo ! Vous mettez en place progressivement une **démarche de réflexion construite et solide**, à la fois ouverte et réaliste, accompagnée ou non par des professionnels, mais en tout cas documentée et approfondie, **qui peut vous permettre désormais d'avancer vers Parcoursup l'esprit certainement plus clair et en meilleure confiance.**

POUR RÉSUMER

PARCOURSUP — LE CALENDRIER DE LA PROCÉDURE

NOVEMBRE · DÉCEMBRE · JANVIER · FÉVRIER · MARS · AVRIL

INFORMATION

- Informez-vous sur votre orientation et renseignez votre fiche de dialogue avant le premier conseil de classe qui prendra connaissance de vos projets.

ÉTAPE 1
Recherche d'informations

FORMULATION DES VŒUX

- **Mi- janvier :** ouverture de la plateforme d'admission.
- **De mi-janvier à mi-mars :** les lycéens entrent leurs vœux sur la plateforme.
- **De mi-mars à début avril :** second conseil de classe avec examen des vœux des lycéens. Chaque vœu fait l'objet d'une fiche Avenir comprenant les appréciations des professeurs et l'avis du chef d'établissement. Il faudra confirmer chaque vœu avant le 2 avril.

ÉTAPE 2
Inscription sur Parcoursup

ÉTAPE 3
Constitution du dossier

ÉTAPE 4
Saisie, consultation et confirmation des vœux

MAI · JUIN · JUILLET · AOÛT · SEPTEMBRE · OCTOBRE

RÉCEPTION ET RÉPONSES AUX PROPOSITIONS

- **Mi-mai-mi-juillet :** les élèves reçoivent les réponses à leurs vœux au fur et à mesure.
- Dès qu'un élève a reçu 2 réponses positives, il doit choisir entre les deux.
- Il peut conserver les autres vœux en attente.
- Suspension de la procédure pendant la semaine du bac.

ÉTAPE 5
Réponse des établissements et choix

RÉCEPTION ET RÉPONSES AUX PROPOSITIONS

- **Juin-septembre :** dès la fin des épreuves du bac, démarre la procédure complémentaire.
- Après les résultats du bac, une commission pilotée par le recteur, propose une affectation aux bacheliers qui n'ont reçu aucune réponse positive.

ÉTAPE 6
Phase complémentaire

COMPRENDRE PARCOURSUP

Dès votre entrée au lycée, n'hésitez pas à vous familiariser avec le processus de Parcoursup, dans lequel vous aurez à entrer au second trimestre de votre classe de terminale. Comportant des modalités pratiques et étapes particulières, il est nécessaire d'être bien informé en amont.

RECHERCHE D'INFORMATIONS

- **Le rôle de conseil de votre lycée se renforce avec la réforme** : nomination de deux professeurs principaux impliqués dans l'orientation, renforcement du rôle du conseil de classe (fiche dialogue, fiche Avenir, avis du chef d'établissement pour vos vœux), semaines de l'orientation, accompagnement personnalisé ...
- Dès la seconde, vous pouvez vous informer sur les filières possibles et les **ressources disponibles dans votre lycée.**
- En terminale, dès novembre, vous pourrez accéder au **moteur de recherche de Parcoursup et à ses informations** (filières, attendus, dates des portes ouvertes, etc...).

LE CONSEIL DU COACH D'ORIENTATION

Profitez pleinement de cette période et des ressources disponibles pour penser « partenariat » et établir un réel dialogue avec les intervenants dans votre établissement.

INSCRIPTION SUR PARCOURSUP

- **Dès janvier, vous devrez remplir une partie « administrative »** avec des modalités d'inscription très précises (saisie d'informations sur votre état civil, votre scolarité...).

ATTENTION

Certaines inscriptions se font hors Parcoursup et peuvent démarrer dès le mois d'octobre.

▶ Vous pourrez ensuite accéder à Parcoursup sur le site Internet ou par le biais de votre smartphone pendant toute la durée de la procédure.

LES FORMATIONS

SUR PARCOURSUP

- ▶ Les licences (1re année en université)
- ▶ Les PACES (première année commune aux études de santé), donnant accès à 4 filières : médecine, pharmacie, odontologie [dentiste] et maïeutique [sage-femme]
- ▶ Les BTS (brevet de technicien supérieur)
- ▶ Les BTSA (brevet de technicien supérieur agricole)
- ▶ Les DUT (diplôme universitaire de technologie) des IUT (instituts universitaires de technologie)
- ▶ Les DEUST (diplôme d'études universitaires scientifiques et techniques)
- ▶ Des DU (diplôme d'université)
- ▶ Les DCG (diplôme de comptabilité et de gestion)
- ▶ Les CUPGE (cycle universitaire préparatoire aux grandes écoles)
- ▶ Les CPGE (classe préparatoire aux grandes écoles)
- ▶ Les DMA (diplôme des métiers d'art)
- ▶ Les écoles nationales supérieures d'architecture publiques
- ▶ Des écoles supérieures d'art
- ▶ Des formations d'ingénieurs et en ingénierie
- ▶ Des écoles de commerce
- ▶ Des formations paramédicales et sociales (dont les DTS imagerie médicale et radiologie thérapeutique et les DE manipulateur d'électroradiologie médicale)
- ▶ Les MANAA (mise à niveau en arts appliqués)
- ▶ Les MANH (mise à niveau en hôtellerie)
- ▶ Des formations préparant à l'enseignement supérieur dont les CPES
- ▶ Des mentions complémentaires (MC) et d'autres formations, dont des titres de technicien supérieur.

HORS PARCOURSUP

- ▶ Sciences Po Paris et IEP (Instituts d'études politiques)
- ▶ Certaines écoles paramédicales et sociales
- ▶ Certaines écoles supérieures d'art
- ▶ Certaines écoles de commerce
- ▶ Certaines écoles d'ingénieurs
- ▶ Certaines écoles privées des arts appliqués, de gestion, transport, secrétariat, etc.
- ▶ Certains doubles cursus universitaires

CONSTITUTION DU DOSSIER

▶ Vous devrez ensuite **fournir sur la plateforme des éléments** qui seront consultés par les responsables des admissions pour évaluer vos chances de réussite et vous formuler une réponse :

- Renseigner ou vérifier les **bulletins scolaires de 1re et Tle** ;

- Élaborer votre premier **Curriculum Vitae** pour mettre en valeur votre profil, en 5 parties dont 2 sont obligatoires : formation, langues. Les 3 autres parties sont facultatives : compétences, expériences professionnelles, centres d'intérêts.

- Rédiger vos premières **lettres de motivation**, une pour chaque formation demandée pour convaincre les responsables des admissions de la pertinence de votre demande au regard de votre profil et de votre projet.

- Votre établissement joindra à chaque dossier votre **fiche Avenir** (notes, appréciations des professeurs quant à vos aptitudes dans le domaine visé, avis du Chef d'établissement).

SAISIE, CONSULTATION ET CONFIRMATION DES VŒUX

▶ **Entre janvier et mars**, vous pourrez ensuite renseigner jusqu'à **10 vœux** correspondant à votre projet d'études supérieures, que vous pourrez consulter, modifier pendant cette période, puis confirmer absolument pour qu'ils soient bien pris en compte !

▶ Vous aurez aussi à renseigner **la rubrique « Ma Préférence », destinée à la Commission d'accès à l'enseignement supérieur** pour trouver des solutions, si nécessaire, lors de la phase complémentaire, et qui permettra de connaître de façon très globale votre projet général de formation, de carrière.

RÉPONSES DES ÉTABLISSEMENTS ET CHOIX

- **Entre mai et juillet**, vous recevrez **plusieurs types de réponses** des établissements demandés et vous devrez **répondre aux propositions qui vous seront faites et valider votre vœu définitif**, en respectant un calendrier et une procédure bien précis.

PHASE COMPLÉMENTAIRE

- Entre juin et septembre, après le Bac, démarrera la phase complémentaire, qui permet aux candidats qui le souhaitent de **formuler jusqu'à 10 nouveaux vœux** dans les formations qui ont des places disponibles, cette fois encore selon des modalités bien spécifiques.

LE CARNET D'ORIENTATION

JE M'AUTO-ÉVALUE

JE ME DOCUMENTE

JE FAIS LE POINT

Ma personnalité

1 Réflexion

Comment je me décrirais ?

....

....

....

....

....

....

Quels sont mes points forts ?

....

....

....

....

Dans quels domaines je me sens en confiance ?

....

....

....

....

Quels sont mes points faibles ?

....

....

....

....

Dans quels domaines je me sens moins à l'aise ?

....

....

....

....

**Qu'est-ce que mon entourage apprécie le plus chez moi ?
En quoi suis-je d'accord ? Pas d'accord ?**

....

....

....

**Qu'est-ce que mon entourage apprécie le moins chez moi ?
En quoi suis-je d'accord ? Pas d'accord ?**

....

....

....

Existe-t-il des domaines / contextes, où je me montre différent (à l'école, chez moi, au sport, dans mes activités, en vacances...) et pourquoi ?

....

....

....

....

....

....

....

....

....

2 Synthèse

Mes talents principaux

- ....
- ....
- ....
- ....
- ....
- ....
- ....

Comment je peux progresser

....

....

....

....

....

....

....

....

....

....

....

....

....

....

....

3 Action

Ce que je peux encore approfondir

....

....

....

....

....

....

....

Comment et quand ?

....

....

....

....

....

....

....

MES NOTES ....

....

....

....

Mes valeurs, motivations et intérêts

1 Réflexion

Dans ma vie, qu'est-ce qui m'a marqué positivement ?

....

....

....

....

....

....

Dans ma vie, qu'est-ce qui m'a marqué négativement ?

....

....

....

....

....

....

Quels sont les sujets qui m'intéressent, qui me font vibrer ?

....

....

....

....

....

....

Quels sont les gens avec qui j'aime discuter ?

....

....

....

....

....

....

....

Quels sont les sujets, les activités qui m'ennuient ?

....

....

....

....

....

....

....

Quels sont les verbes qui me font rêver ou qui décrivent ce que je préfère faire, là où je me sens le plus « vivant » ?

....

....

....

....

....

....

....

....

2 Synthèse

Mes valeurs essentielles

- ....
- ....
- ....
- ....
- ....

Mes verbes préférés

- ....
- ....
- ....
- ....
- ....

Les valeurs qui ne me touchent pas

- ....
- ....
- ....
- ....
- ....

Les verbes qui me correspondent le moins

- ....
- ....
- ....
- ....
- ....

Ce qui me motive

....

....

....

Ce qui me démotive

....

....

....

Ce que j'ai appris sur moi

....

....

....

....

3 Action

Mes domaines d'intérêt à creuser en priorité

- ……
- ……
- ……
- ……
- ……

Ce que je dois approfondir pour finaliser cette étape

……

……

……

……

……

Comment et quand ?

……

……

……

MES NOTES ……

……

……

……

Mes compétences scolaires et extra-scolaires

1 Réflexion

Quelles sont mes matières fortes ? Celles que j'aime ?

- **En seconde :** ....

....

....

....

....

....

....

- **En première :** ....

....

....

....

....

....

....

- **En terminale :** ....

....

....

....

....

....

....

Quelles sont les matières difficiles pour moi ? Celles que je travaille par obligation ?

- **En seconde :** ……………………………………………………………………

- **En première :** ……………………………………………………………………

- **En terminale :** ……………………………………………………………………

Quel est mon style scolaire : bosseur ? en fonction des profs ? théorique ? pratique ? en équipe ? en solo ? organisé ou flexible, voire « last minute » ?

....

....

....

....

....

....

Qu'est-ce que je réussis ?

....

....

....

....

....

....

Sur quoi ai-je plus de mal ?

....

....

....

....

....

....

À quoi dois-je mes succès ? mes échecs ?

....

....

....

Que me disent mes professeurs ?

Que me disent mes parents ?

Que me disent mes formateurs extra-scolaires ?

2 Synthèse

Mes points forts scolaires

....
....
....
....
....
....

Mes points faibles scolaires

....
....
....
....
....
....

Mes points forts extra-scolaires

....
....
....
....
....
....

Mes points faibles extra-scolaires

....
....
....
....
....
....

Quels liens ont-ils avec les études ou métiers que j'envisage ?

....
....
....
....
....
....

3 Action

Ce que je peux améliorer pour faire un lien avec mon projet d'études

Ce que je peux approfondir

MES NOTES

Mes spécialités

1 En première

Quelles spécialités j'envisage de choisir ?

....

....

....

....

....

....

....

....

....

....

Pourquoi ?

....

....

....

....

....

....

....

....

....

En quoi seront-elles utiles pour mon projet d'études ?

....

....

....

....

....

....

....

....

En quoi seront-elles utiles pour mon projet professionnel ?

....

....

....

....

....

....

....

....

Quels sont les thèmes qui m'intéressent particulièrement dans ces spécialités ?

....

....

....

....

....

....

....

Quels sujets, en lien avec le programme de ces spécialités, je peux déjà imaginer de présenter au grand oral ? Ces sujets touchent-ils mes spécialités isolément, ou de façon transversale ?

....

....

....

....

....

....

....

....

Pourquoi ces sujets m'intéressent-ils personnellement ?

....

....

....

....

....

....

....

....

En quoi ces sujets peuvent-ils avoir un lien avec mon projet d'études supérieures – voire mon projet professionnel ?

....

....

....

....

....

Si mes spécialités ou mes sujets n'ont pas vraiment de lien avec mon projet post bac :

Pourquoi ?

Que puis-je expliquer ou argumenter à ce propos lors du grand oral ? Comment faire quand même des liens positifs et convaincants avec mon projet ?

2 En terminale

Quelles sont les deux spécialités que j'envisage de garder ?

Pourquoi ?

En quoi seront-elles utiles pour mon projet d'études ?

....

....

....

....

....

....

En quoi seront-elles utiles pour mon projet professionnel ?

....

....

....

....

....

....

....

....

Quels sont les thèmes qui m'intéressent particulièrement dans ces spécialités ?

....

....

....

....

....

....

....

....

Quels sujets, en lien avec le programme de ces spécialités, je peux déjà imaginer de présenter au grand oral ? Ces sujets touchent-ils mes spécialités isolément, ou de façon transversale ?

....

....

....

....

....

....

....

....

Pourquoi ces sujets m'intéressent-ils personnellement ?

....

....

....

....

....

....

....

....

En quoi ces sujets peuvent-ils avoir un lien avec mon projet d'études supérieures – voire mon projet professionnel ?

....

....

....

....

....

....

....

....

Si mes spécialités ou mes sujets n'ont pas vraiment de lien avec mon projet post bac :

Pourquoi ?

....

....

....

....

....

....

....

....

Que puis-je expliquer ou argumenter à ce propos lors du grand oral ? Comment faire quand même des liens positifs et convaincants avec mon projet ?

....

....

....

....

....

....

....

....

Mes contraintes et réalités

1 Réflexion

Quelles sont mes ressources financières et familiales pour mes études ou pour ma vie professionnelle future ?

....

....

....

Ai-je des contraintes concernant la localisation de mes études ?

....

....

....

Ai-je des spécificités ou difficultés éventuelles à prendre en compte ?

....

....

2 Contacts

Je note les contacts des personnes ou services qui peuvent m'aider (bourse, assistante sociale, psychologue, service handicaps et accessibilités...).

....

....

....

....

3 Synthèse

Je note les démarches à suivre pour me faire aider.

....

....

....

....

....

....

....

Je note les dates-clés à ne pas manquer.

- ....
- ....
- ....
- ....
- ....
- ....
- ....
- ....

MES NOTES ....

....

....

....

Mes 54 h d'orientation

1 En seconde

Les salons et forums auxquels je suis allé(e)

- ....
- ....
- ....
- ....

Les contacts professionnels que j'ai rencontrés

- ....
- ....
- ....
- ....

Quelles conclusions j'en tire ?

....

....

....

....

....

....

Quelles sont mes prochaines actions ?

....

....

....

....

....

....

2 En première

Les salons et forums auxquels je suis allé(e)

- ....
- ....
- ....
- ....

Les contacts professionnels que j'ai rencontrés

- ....
- ....
- ....
- ....

Quelles conclusions j'en tire ?

....

....

....

....

....

....

Quelles sont mes prochaines actions ?

....

....

....

....

....

....

3 En terminale

Les salons et forums auxquels je suis allé(e)

- ....
- ....
- ....
- ....

Les contacts professionnels que j'ai rencontrés

- ....
- ....
- ....
- ....

Quelles conclusions j'en tire ?

....

....

....

....

....

....

Quelles sont mes prochaines actions ?

....

....

....

....

....

....

Je me prépare à Parcoursup.

....

....

....

....

....

Ma check list Parcoursup

- ☐ J'ai recherché des informations sur les formations proposées sur Parcoursup.
- ☐ Je me suis inscrit(e) sur Parcoursup.
- ☐ J'ai constitué mon dossier
  - ☐ mes bulletins
  - ☐ mon CV
  - ☐ ma lettre de motivation
  - ☐ la fiche Avenir
- ☐ J'ai saisi mes vœux.
- ☐ J'ai validé mes vœux.

Mes enquêtes de terrain

1 Enquête

Voici un modèle pour une enquête : n'hésitez pas à le reproduire ou le télécharger en PDF via l'application Nathan Live en flashant la couverture de l'ouvrage.

Comment êtes-vous parvenu dans votre métier (diplôme, parcours) ?

....

....

....

....

....

Quelles en sont les missions et activités principales au quotidien ?

....

....

....

....

....

Qu'aimez-vous le plus ? Le moins ?

....

....

....

....

....

Quelles sont les contraintes à connaître ?

....

....

....

....

....

Quelles sont les connaissances / compétences nécessaires ?

....

....

....

....

....

Quels conseils me donneriez-vous pour me diriger vers ce domaine ?

....

....

....

....

Connaissez-vous d'autres personnes que vous me recommanderiez de rencontrer pour poursuivre mes recherches ?

....

....

....

....

....

....

2 Analyse de mes enquêtes

Quels éléments confirment l'adéquation de ce métier / secteur avec ma personnalité et mes motivations ?

....

....

....

....

....

Quels éléments creusent un écart ?

....

....

....

....

....

Est-ce que je peux ou veux compenser ces écarts, et si oui, comment ?

....

....

....

....

Quelle différence y a-il entre l'idée que je me faisais de ce métier / secteur avant l'enquête et maintenant ?

....

....

....

....

....

Qu'est-ce que cela change par rapport à mes projets d'avenir et pourquoi ?

....

....

....

....

....

3 Conclusion

Les études et métiers envisagés avant et après enquête :

....

....

....

....

....

....

MES NOTES ....

....

....

....

Mes recherches personnelles

Les sites que j'ai consultés

....

....

....

....

....

....

....

Les revues spécialisées que j'ai lues

....

....

....

....

....

....

....

Autres sources d'information que j'ai consultées

....

....

....

....

....

....

....

Ma boussole en seconde

1 Qui je suis

Quels sont mes talents et mes compétences ?

....

Quelles sont mes limites ?

....

2 Ce que je veux

Quels sont mes centres d'intérêts ?

....

....

Qu'est-ce qui me motive ?

....

....

Qelles sont mes valeurs-clés ?

....

....

Quels sont mes intérêts principaux ?

....

....

Quels sont les types de métiers qui m'attirent ?

....

....

Quelles sont les études que j'envisage ?

....

....

Quels sont les attendus Parcoursup pour ces filières ?

....

....

Où en suis-je par rapport à ces attendus ? Que puis-je faire en conséquence ?

....

....

3 Où je vais

Scénario 1 : ....

Scénario 2 : ....

Scénario 3 : ....

Ce que je peux encore approfondir :

....

Mes prochaines étapes :

....

4 Ma synthèse en carte mentale

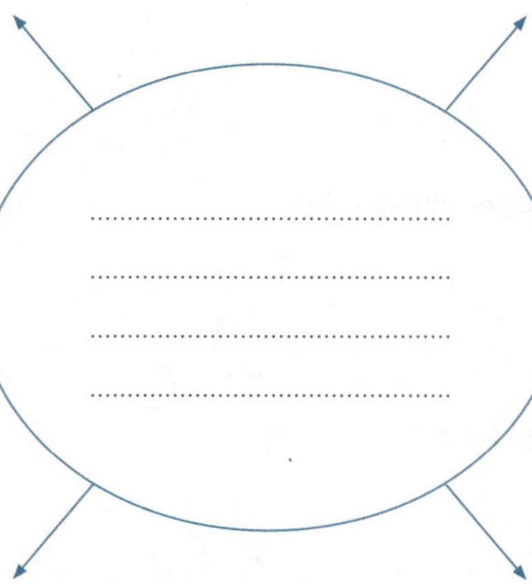

Ma boussole en première

1 Qui je suis

Quels sont mes talents et mes compétences ?

....

Quelles sont mes limites ?

....

2 Ce que je veux

Quels sont mes centres d'intérêts ?

....

....

Qu'est-ce qui me motive ?

....

....

Quelles sont mes valeurs-clés ?

....

....

Quels sont mes intérêts principaux ?

....

....

Quels sont les types de métiers qui m'attirent ?

....

....

Quelles sont les études que j'envisage ?

....

....

Quels sont les attendus Parcoursup pour ces filières ?

....

....

Où en suis-je par rapport à ces attendus ? Que puis-je faire en conséquence ?

....

....

3 Où je vais

Scénario 1 : ....

Scénario 2 : ....

Scénario 3 : ....

Ce que je peux encore approfondir :

....

Mes prochaines étapes :

....

4 Ma synthèse en carte mentale

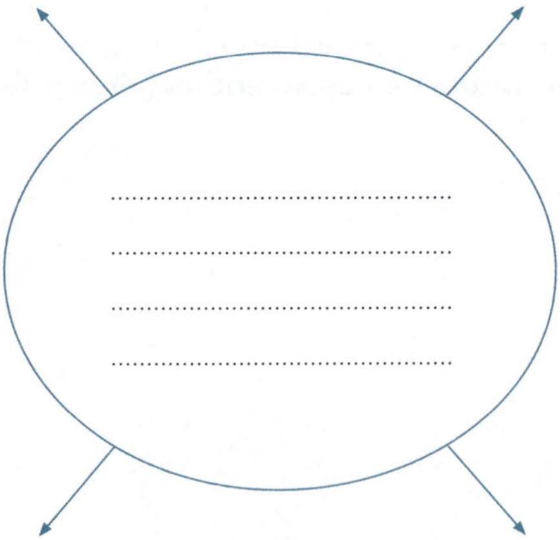

Ma boussole en terminale

1 Qui je suis

Quels sont mes talents et mes compétences ?

....

Quelles sont mes limites ?

....

2 Ce que je veux

Quels sont mes centres d'intérêts ?

....

....

Qu'est-ce qui me motive ?

....

....

Quelles sont mes valeurs-clés ?

....

....

Quels sont mes intérêts principaux ?

....

....

Quels sont les types de métiers qui m'attirent ?

....

....

Quelles sont les études que j'envisage ?

....

....

Quels sont les attendus Parcoursup pour ces filières ?

....

....

Où en suis-je par rapport à ces attendus ? Que puis-je faire en conséquence ?

....

....

3 Où je vais

Scénario 1 : ....

Scénario 2 : ....

Scénario 3 : ....

Ce que je peux encore approfondir :

....

Mes prochaines étapes :

....

4 Ma synthèse en carte mentale

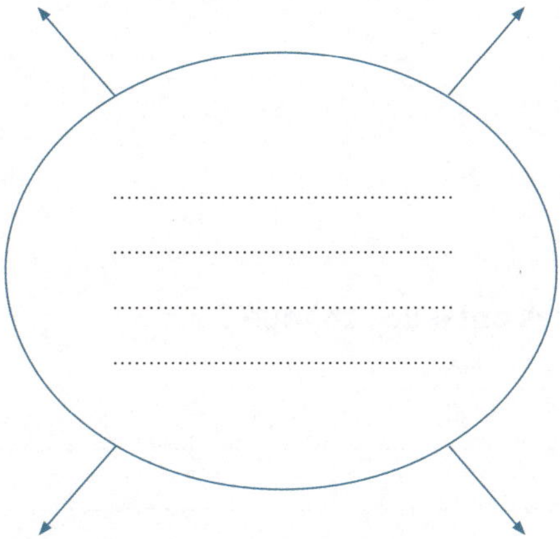

Mes 3 années de lycée

Qu'est-ce qui a évolué ces trois dernières années concernant ma personnalité ?

....

....

....

....

Comment mes valeurs, mes motivations et mes intérêts ont-ils évolué au cours de ces trois dernières années ?

....

....

....

....

Mes compétences ont-elles changé ?

....

....

....

....

Comment mon projet d'études et professionnel a-t-il évolué tout au long du lycée ?

....

....

....

....

Mon bilan

Ma check list orientation

- ❑ J'ai fait des tests de personnalités pour mieux me connaître.
- ❑ J'ai listé mes points forts.
- ❑ J'ai listé mes points faibles.
- ❑ Je me suis informé(e) sur les différents secteurs de métiers.
- ❑ Je me suis informé(e) sur les sites et revues spécialisés comme l'Onisep.
- ❑ J'ai rencontré un professionnel de l'orientation.
- ❑ Je me suis rendu(e) sur les salons étudiants.
- ❑ J'ai discuté de mes projets avec mes parents.
- ❑ J'ai fait le point sur mes résultats scolaires.
- ❑ J'ai pris rendez-vous avec mes professeurs pour parler de mon projet.

MES NOTES ....

....

....

....

Mon calendrier

	SEPTEMBRE	OCTOBRE	NOVEMBRE	DÉCEMBRE	JANVIER
2de					
1re					
Tle					

FÉVRIER	MARS	AVRIL	MAI	JUIN	JUILLET

Nathan live!

ⓘ L'application nécessite une connexion Internet

COMMENT FAIRE ? C'EST FACILE !

1. Téléchargez **l'application gratuite Nathan live** disponible dans tous les stores sur votre smartphone ou votre tablette (Appstore, GooglePlay, Windows Store).
2. Ouvrez l'application. Flashez la couverture de votre ouvrage en plaçant votre appareil au-dessus de la page.
3. Consultez les ressources !

En flashant la couverture ▶ **Les ressources en accès direct**

Impression & brochage sepec - France
Numéro d'impression : 06601191109
Dépôt légal : Mai 2020
Numéro d'éditeur : 10258708

IMPRIM'VERT®

FSC www.fsc.org MIXTE Papier issu de sources responsables FSC® C022030

Nathan est un éditeur qui s'engage pour la préservation de son environnement et qui utilise du papier composé de fibres naturelles, renouvelables, fabriquées à partir de bois provenant de forêts gérées de manière responsable et contrôlée.